ヘンデル
オペラ対訳集
第1集

《ジュリオ・チェーザレ》HWV 17
"Giulio Cesare in Egitto"

《ロデリンダ》HWV 19
"Rodelinda, Regina de' Longobardi"

日本ヘンデル協会 編

ハンナ

はじめに

　日本ヘンデル協会が設立されたのは1998年7月のことでした。その設立に一番力を注がれ、初代会長に就任されたのが、戦後を通じてヘンデル研究の第1人者として知られた渡部惠一郎先生でした。

　戦後昭和時代の音楽学会において、バッハ研究と言えば辻荘一先生や角倉一朗先生など、枚挙にいとまがないほどであったのに、ヘンデル研究となるとまず渡部惠一郎先生、次にはて、誰か居ただろうかという状態であったことを今更ながら懐かしく思い出します。

　ところがいったん協会の活動が始まってみると、先生の弟子たちやヘンデルの愛好家たちが集まって勉強会、演奏活動、講演会などなど実に活発な活動が展開し、四半世紀後の今日に至っている次第です。なかでもヘンデルが一番力を入れていたオペラに関してはほとんど毎年公演や勉強会を行ない、そのたびに協会版公認のリブレットの対訳を発表してきました。そのような対訳は単にヘンデル研究のみならず、バロック盛期の演劇史や文化史にとっても重要な資料となるものと確信し、今回対訳集を出版することとなった次第です。

　残念ながらこの企画を一番喜んでいただけると思える渡部惠一郎先生は2001年12月11日に他界され、既に20年以上が経ってしまいました。願わくばこの企画を先生が天上から祝福し、日本ヘンデル協会の更なる活動を期待していただけますように。

金澤　正剛 （かなざわ　まさかた）
日本ヘンデル協会会長

もくじ

ヘンデルとオペラ

金澤 正剛

ジョージ・フレデリック・ヘンデル（1685-1759）は、日本ではオラトリオ《メサイア（救世主）》の作曲家としての名声があまりにも高く、他にも器楽合奏の《水上の音楽》や鍵盤独奏曲《調子のよい鍛冶屋》が人気を集めています。しかし彼自身に直接聞いてみるとおそらく「私はオペラ作曲家である」と答えたことでしょう。彼にとって器楽曲は「必要に応じて作曲した作品」であり、オラトリオはオペラの経営が行き詰まった時に「苦肉の策として考案した作曲分野」であったのです。ドイツ生まれの彼が医者であった父の反対を押し切って音楽の道に進んだのは、若い時にオペラに接してその魅力に取りつかれたからに他ありません。地元のハンブルク・オペラ、さらにはオペラの母国と言ってよいイタリアでの経験をもとに、ロンドンでのデビューで自分の作品を受け入れてくれる聴衆を見つけ、イングランドに帰化するまでになったわけです。

ヘンデルが生まれたのはライプツィヒ西北約50キロに位置するハレで、幼少の頃から音楽に興味を示したものの、将来法律家にと思った父親に禁じられたため、ひそかに屋根裏部屋にクラヴィコードを持ち込み、練習したというエピソードが知られています。ところが父と兄が仕えていたザクセン＝ヴァイセンフエルス公が彼の才能に気づき、渋る父親を説得して音楽を学ばせるようにしました。1702年ヘンデルは法律を学ぶためハレ大学に入学したものの、それ以前にベルリンを訪れた際、イタリアの代表的オペラ作曲家ジョヴァンニ・ボノンチーニらに会い、ドイツ・オペラの都ハンブルクに移り住むことにしました。

ハンブルクでは4歳年上の音楽理論家ヨハン・マッテゾンと親しくなり、2人揃って巨匠ブクステフーデの後継者になろうとリューベックを訪れたところ、条件のひとつにブクステフーデの娘と結婚することがあったため、あきらめて帰ってきたという話も知られています。ヘンデルはハンブルク歌劇場でヴァイオリンやチェンバロの奏者として生計を立てていたので、当時全盛を誇っていたハンブルク・オペラの代表ラインハルト・カイザーのオペラとも親しんだはずです。

1705年の1月から2月にかけて、マッテゾンの支援もあってヘンデルは、彼にとって最初のオペラ《アルミーラ》と《ネロ》を上演しました。ハンブルク滞在中にイタリアのトスカーナ大公の息子で後継者でもあるフェルディナンド・ディ・メディチ公に会う機会を得て、公からフィレンツェに来ないかと誘われ、1706年の秋イタリアに向かって旅立つことになりました。彼の最初のイタリア・オペラ《ロドリーゴ》は1707年の秋フィレンツェのココメロ劇場で初演され、大いに成功し、トスカーナ大公からは金貨100枚と銀製食器1セットが贈られたといわれます。以後ヘンデルはローマとヴェネツィアの間を行き来するようになり、ローマではナポリ派オペラの祖として知られるアレッサンドロ・スカルラッティとその息子ドメニコや、ソナタやコンチェルトで有名なアルカンジェロ・コレッリなどとも親しくなりました。ちなみに彼のオラトリオ《復活》が1708年4月8日にローマのルスポリ宮で初演された時、大規模なアンサンブルの指揮にあたったのがコレッリだったそうです。またヴェネツィアではヴィヴァルディ、アルビノーニ、ロッティ、ガスパリーニなどの代表的な音楽家たちと親しく交わり、彼自身もオペラ《アグリッピーナ》を、イタリアを離れる直前の1709年12月26日に初演しています。ヘンデルはロンドン到着以前に5つのオペラを手がけたことが知られていますが、残念ながらこのうち今日までほぼ完全な形で残っているのは《アグリッピーナ》だけです。

1710年2月にヘンデルはイタリアを離れて北へと向かい、6月16日にはハノーヴァー選帝侯の宮廷楽長に就任しました。選帝侯との契約には、直ちに休暇を取ってロンドンに行くことが含まれていました。この時すでに選帝侯のゲオルク公は、跡継ぎの無いアン女王の跡継ぎとしてイギリス国王になることが決まっていたので、ヘンデルのロンドン行きも幾分先発隊の意味があったのかもしれません。従来一説ではヘンデルが期限付きで許された2度目のロンドン訪問で、帰国せずにそのまま滞在してしまっていたところ、選帝侯がジョージ1世としてロンドンに来られたため微妙な関係となり、友人の計らいでテームズ川で舟遊びが行われた際に、《水上の音楽》を披露して国王の信頼を取り戻したという話が語られてきましたが、実際にはそうではなかったということです。

最初のロンドン訪問でヘンデルはオペラ《リナルド》を1711年2月24日に発表し、空前の成功を収めました。商魂逞しい出版者ジョン・ウォルシュがこのオペラのアリアを集めて歌曲集を出し、莫大な利益を得たといいますが、それはヘンデルの音楽が最初に出版された例ともなりました。一旦はハノーヴァーに戻ったヘンデルは、翌年秋にはロンドンに戻って、グァリーニの牧歌劇にもとづく《忠実な羊飼い》をはじめ、《テゼオ》、《シッラ》と、3つのオペラを矢継ぎ早に作曲しました。数年もたたないうちに彼のオペラはロンドンばかりでなく、ハンブルクなど海外でも上演されるようになり、一方ロンドンの貴族の間では

イタリア・オペラをさらに定着させようという機運が高まり、その結果 1720 年にはローヤル音楽アカデミーが発足して、ヘンデルがその音楽監督に就任することとなったのです。

アカデミーの発足にあたっては、有能な音楽家たちがロンドンに呼び寄せられました。その中には以前からヘンデルとは親しい関係にあった作曲家ボノンチーニをはじめ、当代きってのカストラート歌手セネジーノや、ソプラノのクッツォーニらがいました。アカデミーは 1720 年 4 月 2 日、ジョヴァンニ・ポルタの《ヌミトーレ》で正式に発足し、4 月 27 日にはヘンデルの《ラダミスト》が上演され空前の成功をおさめ、以後1720 年代はヘンデルにとって、イタリア・オペラの最盛期となりました。その頂点は 1724-25 年で、1 年間に《ジュリオ・チェーザレ》、《タメルラーノ》、《ロデリンダ》と3つの傑作を立て続けに発表しています。特に 1724 年 2 月 20 日の《ジュリオ・チェーザレ》の初演には、主役をセネジーノ、クレオパトラをクッツォーニが歌って、絶大な成功を収めましたが、その背後には、歌手の出演料をはじめ、舞台や衣装などにも惜しみなく金をかけたという事実があったのです。程なくアカデミーは財政難に落ち込み、1729 年 1 月 18 日の会議において解散してしまいます。

しかしその時点でヘンデルのオペラに対する人気が落ちたわけではありません。関係者の努力や国王からの寄付などのおかげで、ヘンデルはそれまで通りキングズ劇場でオペラを発表することが出来たのですが、何とか費用を抑える必要がありました。そこで彼が思いついたのがオラトリオへの転換でした。1732 年 5 月 2 日、彼は以前 1718 年に発表したオラトリオ《エステル》を改訂した上で再演し、続いて1733 年 1 月 27 日にオペラ《オルランド》を、同年 3 月 17 日にはオラトリオ《デボラ》をというように、オペラとオラトリオを適当に交えながら発表していったのです。そして 1741 年 1 月 10 日に発表した《デイダミーア》を最後に、彼はオペラの筆を折ってしまいます。実はその直後に発表したのが他ならぬ《メサイア（救世主）》でした。つまり 1730 年代は彼にとってオペラからオラトリオへの移行期だった、と言うことが出来ます。

ここで《リナルド》から《デイダミア》に至るヘンデルのオペラ 36 曲の特徴をまとめてみましょう。まず台本はイタリア語で、内容はイタリア古典のタッソーやアリオストによるもの、イタリア・オペラの台本作者メタスタージオやスタンピーリャ、さらにはヘンデルとほぼ同年代のアントニオ・サルヴィ（1664-1724）の戯曲によるものと、そのほとんどがイタリア起源のものでした。オペラの構成は 3 幕立てで、合唱や重唱は無いに等しく、オペラ全体が独唱のやり取りで進行することが圧倒的に多く、それは当時のナポリ派オペラの特徴と一致します。独唱はレチタティーヴォ・セッコでドラマが進行し、感情的になるとレチタティーヴォ・アッコンパニャートとなり、アリアはそのほとんどがダ・カーポ形式を取る、という特徴もナポリ派オペラのものと一致します。ただしスカルラッティやヴィヴァルディのアリアに比べ、ヘンデルのアリアは一般により長大で、技巧的な見せ場がはるかに多くなっています。そしてナポリ派オペラと唯一違うのが、序曲がイタリア風序曲ではなく、緩急緩の 3 部構成によるフランス風序曲であることです。特に冒頭の付点音符のリズムはルイ 14 世の威厳を示すためリュリが考案したものであったことを考えると、ヘンデルもフランス風序曲を用いることによってジョージ 1 世に敬意を示したものであると考えることも出来ます。

ところでヘンデルのオラトリオは、伝統的なオラトリオとはかなり異なる点に注目しておく必要があります。もともと本来のオラトリオはカトリックのイエズス会に属する「オラトリオ会」という祈祷を目的とする集会で、聖書朗読が音楽と結びついて成立したもので、17 世紀の後半になるとその集会の最初と最後に分けて演奏するようになったため、2 部構成を取るようになりました。また当然のことながらその内容は聖書から取られたものや、聖人の伝記など、宗教的なものに限られます。ところがヘンデルのオラトリオは3幕立てがほとんどであるし、中には《セメレ》や《アレクサンダーの饗宴》のように世俗的な内容のものも少なくありません。そうしてみる時、ヘンデルが後半生に注力したオラトリオも、実は「オラトリオ」とは名ばかりで、英語で歌うことと、合唱や重唱をたっぷり使うことを除けば、本質的にはオペラを演奏会形式で演奏したものである、ということが言えるのではないでしょうか。

金澤　正剛 （かなざわ　まさかた）

1934 年東京生まれ。1966 年ハーヴァード大学博士課程修了。同大学イタリア・ルネサンス研究所研究員。アンティオーク大学およびアールハム大学客員教授などを経た後、1982 年国際基督教大学教授に就任。同大学宗教音楽センター所長をも兼ね、2004 年より同大学名誉教授。著書「古楽のすすめ」（音楽之友社）で 1998 年度ミュージック・ペンクラブ大賞を受賞。他に「キリスト教と音楽」（音楽之友社）、「中世音楽　の精神史」（講談社選書メチエ）などの著書がある。日本音楽学会、日本オルガン研究会などの会長も務め、音楽のみならず歴史、宗教、芸術一般、文学にも造詣が深い。

ヘンデルの生涯とオペラ

三ヶ尻　正

ヘンデル(1685-1759)はドイツのハレに生まれ、ハンブルク・イタリアの修行を経て25歳でロンドンデビュー。
ハンブルク時代から最後のオペラ《デイダミーア》に至るまで、40余年の間に40曲以上のオペラを作曲した。
その後オラトリオで名を成し、歴史に名を残している。
ここでは作曲家ヘンデルと彼が55歳まで取り組んだオペラについて概観する。

■ヘンデルとオペラ・オラトリオ

ヘンデルは1685年にドイツ中部の都市ハレでゲオルク・フリードリヒ・ヘンデル(Georg Friedrich Händel)として生まれ、ハンブルクやイタリアで音楽修行したあと、ロンドンを拠点に活躍してイギリスに帰化し(1727年初, 41歳)、イギリス人ジョージ・フリデリック・ハンデル(George Frideric Handel)として1759年(74歳)に没している。

生涯にオペラを40曲以上、オラトリオ(演奏会形式で上演する劇音楽)を30曲以上残し、劇音楽を中心に活動した。そのオペラ作品はバロック・オペラのレパートリーの中では現代でも最も上演機会が多く、ニューヨークのメトロポリタン歌劇場やミラノのスカラ座など著名な大劇場でもしばしば取り上げられるようになっている。

ヘンデルのオペラもオラトリオも常に政治や思想と絡んだ題材を扱っている。特にオペラはすべて政治がらみと言っても過言ではない。そもそもヘンデル自身が時事問題を扱った作品をテコにキャリアを築いていったのだった。中でも18世紀初頭のスペイン継承戦争と、イギリスの王位継承問題は彼のキャリアに大きく関わっていた。

■スペイン継承戦争とヘンデル

18世紀初頭のヨーロッパ最大の国際問題はスペイン継承戦争(1700-14)だった。王家の血統が途絶えたスペインに食指を伸ばすルイ14世のフランスと、これに猛反対するオーストリアはじめ諸国の戦争はヨーロッパ中を巻き込む。小国分裂状態のイタリア諸邦は両派に分かれ、諸国外交の拠点ヴェネツィアや、親仏・親墺どちらにも決めかねたカトリックの都ローマでは、どちらの側に付くべきか論争や宣伝合戦が絶えなかった。

1706年、ハンブルク・オペラで音楽修行していた若きヘンデルは、この混乱の地イタリアに乗り込んで、親仏・親墺どちらの台本にも音楽を付けてオペラやオラトリオ、室内カンタータなどを作り頭角を現わす。そして、英国王を継承する予定のハノーヴァー選帝侯ゲオルクに「楽長」── すなわち英国で次王の前宣伝を行う音楽家(つまり広報官)、またおそらくは立場を利用して宮廷や政治家の輪にも入って行き動静を探ることのできる情報官(一種のスパイ) ── として雇われることになった(1710年6月)。

■イギリスの王位継承問題とヘンデル

イギリスではカトリック寄りのチャールズ1世が処刑され(1649, 清教徒革命)、厳格なプロテスタントのクロムウェル時代を経て、一度は王政復古(1660)したものの、カトリックのジェイムズ2世は受け容れられずフランスに亡命して(1688, 名誉革命)、プロテスタントの国となっていた。

しかし王朝の直系でプロテスタントの後継者が途絶えたため、遠縁のハノーヴァー侯ゲオルクが英国王ジョージ1世となる(1714)。英国内では、ジャコバイト派(Jamesという名は大陸諸国ではJacobであることから「ジャコバイト」とは「ジェイムズ王党派」の意)を筆頭に、たとえカトリックであっても直系王族(ジェイムズ2世の子「老僭王」ジェイムズや孫「若僭王」チャールズ)がよいとする意見が根強く残り、この王位継承問題が18世紀前半イギリスの最大の国内問題となった。

またウォルポール内閣のもと「王は君臨すれども統治せず」の立憲君主制が確立する時期でもあり、議会での勢力争いも社会の大きな動きとなっていた。

■イギリスのヘンデル

ハノーヴァーの新楽長ヘンデルは就任後すぐ(おそらくは派遣されて)イギリスに渡り、翌年初には次王の前宣伝オペラ《リナルド》を成功させる。一度帰国後に再渡英してからの滞在は長引き、形式的には楽長職を解かれているが、ハノーヴァー宮廷との連絡は緊密に取っており、1714年にアン女王が崩御すると新王ジョージ1世を祝典音楽で歓迎する。その後は《水上の音楽》で新王室の宣伝行事を演出したり、王族の誕生日や婚礼、葬儀の音楽を提供したりするなど、王室の主要行事を音楽で支えるようになった。

しかしヘンデルは宮廷楽長や礼拝堂楽長などの公職には就かず、オペラやオラトリオといった商業劇場での劇音楽を中心に活動している。ヘンデルがそう望んだとも考えられるが、王室がヘンデルに公開の場で王室の宣伝を行なわせたり、逆に反王室派の懐

ヘンデルの肖像
Thomas Hudson (1701-79)

に深く入ってその動静を窺わせたりしていた可能性も否定できない。とすれば非公式ながら広報官兼情報官の仕事を続けていたことになる。実際、反王室・ジャコバイト派的な台本への作曲も多数ある。また王室ではなくウォルポール首相への賞賛や非難をこめた作品もあり、ヘンデルが活躍したのは、時事問題エンターテインメントとして、また政治ツールとしての劇音楽のまさに最盛期だった。

　かくしてヘンデルはロンドンでオペラ興行を始め、1720年からは王室も出資するオペラ・カンパニー「国王音楽アカデミー」(第1次・第2次)でオペラを量産し、その後も

個人で独立興行を続け、1737年検閲法の余波による英語の歌唱劇への需要の高まりを受けてオラトリオに完全移行する1741年(《メサイア》作曲の直前)まで、修行時代から数えれば40年近くにわたって、40本を超えるオペラを残した。

ヘイ・マーケットの女王劇場(後に国王劇場)ヘンデルは多くのオペラをここで上演した。

■ヘンデルのキャリアとオペラ

　ヘンデルのオペラは、およそ以下の5つの時期に分類することができる。

①ドイツ・イタリア時代 — ヘンデルは、生地のハレ大学で法律を学びつつ教会オルガニストをしていたが、1703年ハンブルク・オペラにヴァイオリン奏者として加わり、以後鍵盤奏者となって作曲でも参画するようになった。オペラ処女作の《アルミーラ》や《ダフネ》(断片のみ現存)、《ネロ》(同じく断片のみ)。この時期は、イタリア語とドイツ語の曲が混在するハンブルク・オペラのスタイルで書いている。

　1706-10年にはイタリアに滞在、上述の通り親仏・親墺両方の台本に作曲して注目を集めたが、中でも1709年末(または翌年初)ヴェネツィアで上演した親墺・教皇批判のオペラ《アグリッピーナ》の大成功によって一躍国際舞台に踊り出た。イタリアではまた、スカルラッティ父子や、アルカンジェロ・コレッリとも交流し、旋律の書法を磨き、イタリア・オペラの作曲術を身に着けている。

②ロンドン初期 — 選帝侯ゲオルクは英国王位を継ぐことになっていたが、イギリスでこの継承に反対の勢力があることはハノーヴァー宮廷も察知していた。イギリスの

人々に次の王ゲオルクの前宣伝を行ない、また英国宮廷や政権上層部の動きを探るために、ヘンデルは最適の人材と見なされたのだろう。1710年にハノーヴァーの宮廷楽長になると、すぐにロンドンに派遣され(形式上は休暇)、翌年初には次王の前宣伝オペラ《リナルド》を初演し、成功を収めた。この年の春に一度ハノーヴァーに帰っているが、それはおそらくオーストリア皇帝ヨーゼフ1世の病没の余波で英仏接近・英国旧王朝復権の兆しがあり、これを報告するための帰国だったと考えられる。翌年再び渡英し、名目上の休暇期限を超えて滞在し続けたため形式上は解任されるが、ハノーヴァー宮廷との関係は続き、《忠実な羊飼い》(1712)《テーゼオ》(1713)などの前宣伝オペラを次々と上演している。

　イギリスのアン女王が没し(1714)、ゲオルク侯が英国王ジョージ1世として着任すると、《水上の音楽》で関係を修復したという逸話があるが、これは伝説にすぎず、王室との関係は常に良好だった。新王を讃えるオペラ《アマディージ》(1715)も上演している。

③第1次国王音楽アカデミー期 — ジョージ1世の治世初期は政争が激しかったためか、新国王が反対勢力の興行を嫌ったためか、しばらくオペラ劇場が閉鎖されることもあったが、やがてイタリア・オペラを継続して上演する機運が高まり、国王や貴族の出資で1719年オペラ・カンパニー「国王音楽アカデミー」が設立される(興行は翌1720年から)。ヘンデルは作曲家陣の一員として加わったほか、「オーケストラ楽長」という肩書きを得て、実質的に演奏現場の責任者となった。

　ヘンデルは大陸からカストラートのセネジーノやソプラノのクッツォーニ、ファウスティーナら国際的スターをスカウトして集め、《オットーネ》(1723)、《ジュリオ・チェーザレ》(1724)、《ロデリンダ》(1725)などを成功させて地位を堅めていく。この時期、亡命王朝支持・新王朝反対の台本にも多数作曲しているのが興味深い。反体制の台本作者やその周辺の人々と交流する機会があれば、その中で誰が単なる不満分子で、誰が実際に亡命王朝と結託して本当に政権転覆を謀っていたかも探ることができたに違いない。

　しかし1727年6月にジョージ1世が急逝しシーズンは中断する。秋の再開後は新王ジョージ2世の即位祝賀オペラ《リッカルド・プリモ(リチャード1世)》なども上演するが、1728年春には活動を終了している。おそらく先王のカンパニーとしての資金を使い果たしたためだろう。同1728年の1月にはジョン・ゲイの台本による、王位継承問題とは関係なくウォルポール首相を批判したバラッド・オペラ《乞食オペラ》が人気をさらうという事件もあった。

④第2次国王音楽アカデミー期 —— アカデミーは翌1729年に再度出資を募って活動を再開する。ジョージ2世も先王同様の宣伝や情報収集のツールとしてオペラを使おうとしたのかもしれない。演目には亡命王朝派の《パルテノペ》(1730)もあれば、ウォルポール首相の平和外交を支持する《エツィオ》(1732)などもあった。しかし1733年には国王と対立する皇太子に近いグループが「貴族オペラ」を設立し、作曲家にポルポラを迎え、クッツォーニやセネジーノを引き抜いて興行を始めた。後にはファリネッリも招聘している。1734年ヘンデルは従来の劇場を貴族オペラに奪われてしまい、第2次アカデミーも頓挫する。

⑤コヴェント・ガーデン期 —— ヘンデルは自ら興行主となってコヴェント・ガーデンの劇場を借り、1735年にバレエを使った《アリオダンテ》、《アルチーナ》(「ダンス・オペラ」)で新機軸を打ち出した。この頃は一見亡命王朝支持の内容に内閣批判の内容も忍び込ませたりもしているが、アカデミー時代ほど現実の政治との関連が明白でなく、普通の戯曲としても読めるような文学性の高い台本となっている。以前よりも批判にさらされることが多くなったウォルポール政権が、検閲を強化する動きを見せ、これを警戒して台本作者が直截的な比喩を避けたのかもしれない。

1737年、ついに強化された検閲法が施行されたが、オペラやオラトリオが規制の対象に入らないことが分かると、オペラは再び明白な比喩を用いるようになり、首相支持の《ジュスティーノ》(1737)や首相批判の《セルセ》(1738)などが生まれる。しかしヘンデルは1741年初の《デイダミーア》(1741)をもってオペラの作曲・上演から撤退し、舞台装置も衣装も演技もない演奏会形式の劇音楽オラトリオへと移行した。

従来の説では、ヘンデルの奮闘と円熟作にも拘わらずオペラの人気は取り戻せず、ヘンデルはやむなく新ジャンルのオラトリオに賭けた、と言われてきた。しかし、1737年検閲法によってセリフによる通常の演劇が厳しく規制され、政権批判の芝居が事実上上演不能になったため、英語で歌うことが可能なオラトリオの需要が急速に高まった、というのがこの転進の理由だろう。すでに1732年以降《エステル》(改訂稿, 1732)、《サウル》(1739)などのオラトリオで好感触を得ていたが、1741年の夏に《メサイア》を書いて翌年春アイルランドのダブリンで初演し、1745年に勃発した亡命王朝と支持者の内乱が鎮圧されると、これを祝う《ユダス・マカベウス》(1747)で国民的な人気を勝ち取る。晩年は馬車の事故とその後の治療措置の失敗で失明する(これも従来は白内障の手術の失敗によるものと言われてきた)。1759年に没すると、外国

オペラ《フラーヴィオ》の宣伝用と考えられる舞台画
左からセネジーノ(Ca)、クッツォーニ(S)、ベーレンシュテット(Ca)

出身者としては異例なことだが、ウェストミンスター寺院に埋葬された。

■ヘンデル・オペラの特徴
　ヘンデルが作曲したオペラで今まであまり着目されてこなかった重要な特徴は、その台本の政治性である。親仏・親墺、国王派・亡命王朝派、与党・野党などのメッセージを伝える —— あるいは支持・讃美し、あるいは批判し揶揄する —— という機能を持っており、同時にそうした政治ツールであるにも拘わらず、陳腐なスローガンにとどまることなく、人物像や台本の内容を音楽が豊かに表現している。

　音楽形式から見ればヘンデルのオペラは、イタリアのオペラ・セリアの形を取っている。全3幕(「幕 Atto」)からなり、レチタティーヴォとダ・カーポ・アリアを重ねることでドラマが進んで行く。それぞれの「場 Scena」は数人の会話から始まり、見せ場となるアリアを歌った人物は退場するのが基本である(「退場アリア」)。ただし歌唱を聞かせても文脈上退場するわけに行かない人物は、アリアのようにABAの完全な形を取らないアリオーソを歌って舞台上に残る。

　バロック・オペラは「リエート・フィーネ」(ハッピー・エンド)で終わる。話が込み合ってまとまりが付かないときは、上空や上層階から吊りものや階段を使って神や女神が降りてきて(「デウス・エクス・マキナ」=機械仕掛けの神)、無理やり解決を付けてしまう乱暴な終幕もあったが、17世紀末から18世紀初頭になるとこうした不合理な筋運びを排しようとする機運が高まり、デウス・エクス・マキナに似た役割の登場人物が話をまとめたり、あるいは何かしら劇的なアイデアで解決する方向を目指すようになる。オペラの最後の場面では全登場人物が揃って大団円を迎え、コーロ(「合唱」の意味もあるが、実際は全登場人物による多重唱程度が普通)で幕となる。

こうしたオペラ・セリアの基本形に則りながら、各作曲家はさまざまな工夫を行ない、また時には原則をあえて崩すことによって新鮮味のあるドラマにしようと努めているが、中でもヘンデルのものは創意工夫に富んでいる。

ダ・カーポ・アリアはABA形式を取るが、A部分が反復することによって（装飾などの変化はあるが）、どうしてもそこでストーリーが停滞するデメリットがある。ヘンデルはこの問題を解決するために、反復部のないアリオーソの使用や、反復部分を短くしてストーリーが先に進む工夫を随所で行っている。オペラの歌詞は通常4行・6行といった「連」からなり、行末で脚韻を踏むが、ヘンデルはアリアの前のレチタティーヴォの最後の行をアリアに組み込み、語りから歌へとダイナミックに繋げたり、前奏なしでいきなり歌が始まる「モットー・アリア」を用いたり、「退場アリア」の末尾で退場するかと思いきや、別の人物が突然現れ、舞台に引き戻されて次の「場」へとつなげたり・・・などさまざまなヴァリエーションを駆使している。

レチタティーヴォのほとんどは通奏低音だけの**レチタティーヴォ・セッコ**（字義的には「乾いたレチタティーヴォ」）だが、登場人物の苦悩や迷いの頂点となる場面では、厚い弦楽を伴った**レチタティーヴォ・アッコンパニャート**（「合奏付きレチタティーヴォ」）が要所を彩る。

ヘンデルのオーケストレーションは効率的かつ効果的だ。彼のオペラは3時間以上かかるものが少なくないが、そのスコアは驚くほど薄い。アリアを伴奏するオーケストラはヴァイオリンと通奏低音だけのシンプルなものが多いが、耳には豊かな響きがする（これはヘンデルがイタリアで交流したアレッサンドロ・スカルラッティから学んだものかもしれない）。声部を増やして和声を埋めるのではなく、最小限の音の中で声部と声部の緊張関係から色彩感と陰影に富んだ響きを紡ぎ出す。

「書き割り」のあるバロック劇場
ドレスデン 1719（上図とは別）

ヘンデル・オペラの上演は、1741年に《デイダミーア》を最後に彼自身がこのジャンルから撤退したあとずっと途絶えてしまった。

第一次世界大戦後のドイツでは各地で文化再興の動きがあったが、ゲッティンゲン大学で教鞭を執っていたオスカー・ハーゲンは、1920年にヘンデルの《ロデリンダ》を取り上げて上演し、《ジュリオ・チェーザレ》(1921)、《オットーネ》(1922)、《セルセ》(1924)と続けて、いわゆる「ヘンデル・ルネサンス」を巻き起こす。これがきっかけとなり、ドイツ各地の劇場でヘンデルのオペラが上演されるようになった。

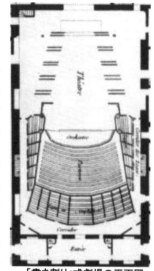

「書き割り」式劇場の平面図
5層の「書き割り」が
左右に配置されている。

これを可能にしたのはフリードリヒ・クリサンダー（独 1826-1901, Friedrich Chrysander）が心血を注いで出版したヘンデルの楽譜全集（いわゆる旧全集、クリサンダー版、刊行は1858-1902）の存在が大きかった。

この時期の演奏は、カストラート役を1オクターヴ下のバスが歌ったり、女声アルトがズボン役で歌う、といった変更だけでなく、曲順を大きく入れ替えてストーリーまで変わるという大きなデフォルメを伴った上演だった。

本格的な復活上演は1970-80年代のいわゆる古楽ブームの時期を待たねばならなかった。近年は優秀なカウンター・テナー歌手が輩出するようになり、カストラートの役もこなせるようになっている。「書き割り」方式の劇場構造（舞台両翼に可動式・襖状の分割背景画を描いた書き割りを何層も配置し、それを展開することで素早く場面転換する）やバロック・ジェスチャーなどの舞台所作、「退場アリア」で区切られた場面を積み重ねて作られるドラマトゥルギー・劇構成、テキストや時代背景の研究成果も蓄積され、近年では上演に向けての環境は格段に良くなってきていると言えるだろう。

三ヶ尻　正
日本ヘンデル協会会員

三ヶ尻　正（みかじり　ただし）

1962年生。東京大学文学部英文科卒。英米文学のほか、英語学、英語史、ドイツ語、音声学、美学、音楽史などを学ぶ。ヘンデル研究・オラトリオ研究、声楽家の発音指導（英独羅）、字幕・対訳制作に従事。オラトリオの歴史に関する講演、オペラ・オラトリオ台本の政治史的解釈に関する講演・執筆で好評を博す。

著書訳書に『メサイア・ハンドブック』、『ミサ曲・ラテン語・教会音楽ハンドブック』、『歌うドイツ語ハンドブック』、『ヘンデルが駆け抜けた時代』、共著・共訳に『ヘンデル　創造のダイナミズム』（共訳、日本ミュージック・ペンクラブ音楽賞受賞）、『オペラ事典』（共著・編集協力）など。

2023年現在、新国立劇場オペラ研修所講師（英語・ドイツ語発音）、国立音楽大学大学院および大阪音楽大学大学院非常勤講師。日本音楽学会、日本ヘンデル協会、日本イタリア古楽協会会員。

バロック・ジェスチャーの歴史と実践

原 雅巳

はじめに

　欧米の主要劇場においても、また日本においてもヘンデルのオペラが上演される機会が増えてきている。ただ、台本の持つドラマ性や人間像をリアルに表現することにスポットが当てられがちで、当時の演出を再現しようとする演出はまだ珍しい。確かに 19 世紀、20 世紀の劇音楽を通過してきた現代において、単に学術的な再現を目指すだけが最善とは言えない。しかし、劇音楽だけに限らず、当時の舞台上での習慣や規則、また、演ずる者がいかにして表現する術を取得し、演じていたかを探求することは、十分意義のあることと思われる。ヘンデルのオペラは、その作品が作曲された時代の条件の上に成り立っている。それを超えた表現に訴えるということは、作品の本質を捉え損ねることに繋がりかねない。

　このような理念に基づき、私たち日本ヘンデル協会は 20 数年にわたり 10 作品のヘンデルのオペラ制作に携わってきた。本稿では、暗中模索の中、数々の困難に直面し、その都度立ち止まって考え解決してきた様々な問題について整理しながら、改めてヘンデルのオペラにおける演技、および演出について考えてみたい。

1. 文献資料

　劇音楽は、それが見られるという要素を抜きにしては考えることができないが、過去の上演が実際にどのように行われていたか、我々は直接には知る術を持たない。ただいくつかの文献資料は、当時のオペラの演出がどのような考え方に基づいて行われていたかを伝えている。例えば 1774 年に出版された『装飾の施された歌唱に関する実践的省察（邦訳：ベル・カントの継承：装飾の施された歌唱に関する実践的省察）』に挙げられたジャンバッティスタ・マンチーニ Giambattista Mancini (1714 – 1800)の提言を見てみよう。

　　　必要な声の変化や休止や区切りが与えられていたとしても、レチタティーヴォに適宜な演技がついていないとしたら、必ずそれは活気のない緩慢なものになってしまうだろう。レチタティーヴォに力と表現と生気を与えるのは演技であり、所作(il gesto)こそが演じようとする人物の性格をいみじくも表現するものなのだ。演技が、結局は真の役者を作り上げるのである。だからトゥッリロ[＝キケロ]も、役者の偉大さと美しさとはすべて演技にあると言っているのだ。演技、演技、演技と。（G.Mancini マンチーニ 渡部東吾訳 p.177、章末の参考文献一覧参照）

　カストラート歌手で、後に教師として名を馳せたマンチーニによって著わされたこの歌唱のための教本では、いかに素晴らしくアリアやレチタティーヴォが歌われても、適切な演技が伴わなければ、所作がなければ無に等し

い、と述べられている。マンチーニのこの見解は、オペラの演技に関する 18 世紀から 19 世紀初頭にかけての見解を代表するものと言ってよいが、ここで注目されるのは、適切な演技の重要な要素として「所作(il gesto)」が挙げられていることである。

　残念なことに 17、18 世紀の舞台では常識であった「所作」の型ないし「ジェスチャー」は、19 世紀に入るころには失われていく。様々な要因が考えられるが、大きな理由の一つはダ・カーポ・アリアを特徴としたバロックオペラの形式が消滅していったことである。

　19 世紀に入り、俳優やレトリック教師、劇場ディレクター等によって書かれた文献や資料は、それを参照し実践することによって多くのことを理解することができる。その中でもギルバート・オースティン Gilbert Austin(1753 – 1837) の著書『カイロノミア、すなわち修辞話法論』(1806)による演技やジェスチャーの記譜法と具体例は、多くの手がかりを与えてくれる。この文献では簡単なテキストとともに、それを読み上げる際に行うべき所作が図と記号で示されている。図は全体的なポーズを示し、記号は手や足の位置や動きを指定するもので、これを参考にして舞台上での所作を考察することが可能である（後述参照）。

　さらにディーン・バーネット Dene Barnette によって書かれた論文『ジェスチャーの技法：18 世紀に

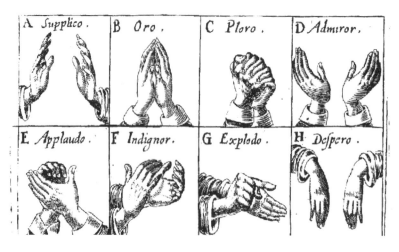

図1

る『カイロロジア、すなわち手による自然な言語』(1644)の図版の一部である。このように両手によって作られた型に、それがどのような意味の型なのかが記されている。全部で 89 の例（図つきは 72 例）のうち、最初の 8 例を見てみると、 A. Supplico（懇願する）B. Oro（祈る）C. Ploro（悲嘆する）D. Admiror（賛嘆する）の 4 例は宗教画でもしばしば目にすることがあるが、E. Applaudo（喝采する）F. Indignor（嫌悪する）G. Explodo（激怒する）H. Despero（絶望する）は、見る機会がとても少ないのではないだろうか。

実際に手の形を作ってみると、両手を合わせる型が多いこと、また、指を含んだ手の型はとても美しいとは言えず、さらに、女性が使うにはためらわれる型もある。美しさを求められていた 18 世紀の舞台で、このバルワーの型がどの程度受け入れられていたかはわからない。前述のバーネットの、手を扱った章では、ゲーテが記した手に関する記述がある（「俳優規則」(1803)）。そこには「中指と薬指は軽く触れ合い、その他の指は軽くカーブさせ、決してこわばらせない」とあり、手の型にヴァリエーションはなく、決まっていたと考えられる。100 年余りの間に、手の型についての考え方も変化していったのであろう。

次にあげるのは、イギリスの俳優であり、演劇の興行主も務めたヘンリー・シドンズ Henry Siddons (1774 – 1815)の、ジェスチャーに関する著書『修辞的ジェスチャーならびに演技の実用的図解』(1822)である。これは 1787 年にベルリンの王立劇場の支配人となり、ドイツの演劇界に大きな影響力を持ったヨハン・ヤコブ・エンゲル Johann Jakob Engel(1741 – 1802) の『演技についての諸考案』(1785)の英訳である。部分的にはイギリスのやり方に改変した箇所もあると著者は述べているが、エンゲルの図版はすべて用いられ、さらにいくつかの追加もある。

この著書では立ち姿の図版が載せられ、それぞれに感想を含めた詳細な説明が書かれている（**図2**）。

おける演技の実践と原理』（1987）はアンサンブル、手、腕、目、ポーズと姿勢の 5 章からなり、18 世紀の悲劇、オペラセリア特有の演技のテクニックについて、18 世紀に活躍した俳優たちが実践していた特殊な慣習が項目ごとにまとめられている。俳優、レトリックの教師、運営に関わった人たちの残した記録、演劇やオペラを観た観客の書き残した書物や手紙などを基にそうした慣習を様々に例証した論文であり、18 世紀演技についての基本文献である。

2. ジェスチャーと演技

弁論において聴衆を説得するための教えである修辞学ないし弁論術は、古代ギリシャに起源をもち、古代ローマ、中世ローマ教会を経てヨーロッパ世界に受け継がれていったが、その教えは 17-18 世紀になると演説運動家や舞台上の俳優の身振り、演技へと、その応用範囲を広げていった。特にラテン語で actio と呼ばれる身振りについての教えは、発声法（声の高低、音量）、語句の切り方や立ち姿、姿勢、視線、顔の表情にまで及んでいた。

体を動かして感情・意思を表し伝えようとする際の動きや姿勢のことを、ここでは「ジェスチャー」と呼ぶことにしよう。舞台上の演技として適用されたジェスチャーとは、上流階級で望ましいとされる立ち居振る舞いが慣習化し、出来上がった所作の「型」であると考えられる。

2-1 ジェスチャーの「型」について

では、まず手の型についてみてみよう。**図1**は 17 世紀のジョン・バルワー John Bulwer (1606 – 1656) によ

さらに重要な資料として挙げられるのが、上でも触れた、オースティンの『カイロノミア、すなわち修辞話法論』である。日本ヘンデル協会から研究会資料として公にさ

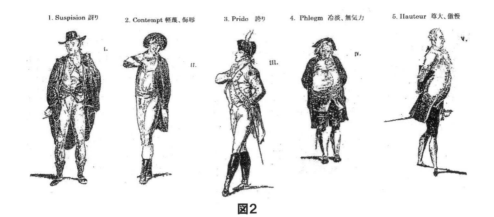

図2

れているこの著作の抄訳の冒頭で、訳者であり協会の創設者である故渡部惠一郎氏は以下のように述べている。

以下に述べる記号の解読ならびに解釈は、単に了解するのみならず、それがわれわれの共通言語となることが肝要であり、読者はこれを読むにとどまらず、必ず全身を動かしながら体得し、自らの言葉としていただきたい。ジェスチャーはレトリックであり、言葉の表現の本質をなすものだからである。そして言葉のある音楽にとってこれは不可欠である。レチタティーヴォもアリアもレトリックを前提として作られていることがやがて知られるであろう。

オースティンのこの著書は、演技とジェスチャーに関する総括的な著述である。豊富な図版とともに、独自に演技とジェスチャーの記譜法を考案し、それを具体例を挙げながら示している。他の多くの文献も、ジェスチャーの瞬間を知りえる貴重な資料であるが、オースティンの抜きん出ているところは、その記譜法によって時間的な、継続的な動きを示唆し、型が知らせてくれる「点」を「線」として伝えてくれる点である。

以下資料をごらんいただきたい。これはオースティンがイングランドの詩人で劇作家であるジョン・ゲイ John Gay（1685 -1732）の「The Miser and Plutus（守銭奴と大金持ち）」という詩の一節に付したジェスチャーを記譜したものである。

The wind was high, the window shakes,
　それは風の強い夜であった。窓が揺れている
With sudden start, the miser wakes!
　守銭奴ははっとして目を醒ます！
Along the silent room he stalks;
　静まりかえった部屋の中をしのび足で歩き回り、
Looks back ・・・
　振り返り・・・

（訳　三ヶ尻　正）

図下部のテキストの上には、一連の動作を始める前の動き（目や顔）、両手左右腕の位置、手のひらの向き、指の形、また、腕を動かす方向やタイミングなどが示され、下には左右両足どちらが前にあり、どちらに重心がかかり、どの位置から移動し、どの位置へ動くかが示されている（**図3**）。

図3

2-2 演技について

　上述の著書の第14項で、マンチーニは歌手に向けて、「演技は自然でなければならず、作為は許されない」と述べている（マンチーニ　p.177）。この「自然」が、個人的な感情の表出やリアリズムといったものとは性質を異にしている点は注意する必要があるだろう。そこで求められているのは、「台詞」や「演じている人物」に即しているということであり、それは「訓練を通して学び取るべき」「誰もが自然だと呼ぶ演技」だとされているのである（マンチーニ　p.177）。

　こうした演技の理想については、前世紀のフランスにおけるそれとの間に、一定の連続性を認めることができる。最近の研究を反映した『フランス17世紀演劇事典』(2011年)によれば、当時の演技では「舞台で立ち位置が決まるとほぼ動かず、ほぼ正面を向いて対話」する、「生きた肖像画のような佇まい」が推奨されていたという（デュスッド／鈴木、pp.560-561）。

　また、上述のバーネットの論文では以下のように述べられている。

　　役者は常に体と声を聴衆に向けなければならない。それはすべての演技は聴衆のためにあるからである。役者は役になりきって演じてはならない。なぜなら、聴衆は役者の語る素晴らしい台詞、演ずる素晴らしいポーズに感動するのであり、聴衆がパフォーマンスをコントロールすることさえある。俳優と聴衆の間のこの心理的連携こそがドラマを作るのである。この点で十八世紀の演技はその後のロマン派の演技と本質的に大きく異なる。（Barnett,p.160）

図4　舞台上手からの登場

　以上のような演技のルールは、18世紀の劇場で特徴的であった役者と聴衆の間の「心理的連携」を表している。それによると、当時の演技では、演ずる役への没入はむしろ戒められていたようだ。当時の演劇の世界で使われていた演技のこうした習慣は、バーネットも指摘しているような（p. 158）当時の資料にしばしば登場する「過度にリアルに（"too much truth")」ならないように、という警告からもうかがい知れる。

　要するに、この時代の「自然な」演技とは、演者と聴衆との間で共有された「コード（解読格子）」と演者が示す「サイン（解読すべき記号）」の解読の上に成り立っていたのであり、その限りで個人の創意は最小限に抑えることが要求されていたのである。

　最後に当時の舞台上での歌手の様子について、マンチーニが危機感を持ちながら述べている部分を紹介しよう。指導者や歌手に向けて書かれた著作ではあるが、この時代の一片が垣間見えるような気がしてならない。

　　・・・役者たち[は]自分の話していることや自分に話されていることに意を留めず、背景に見とれていたり、仕切りに座席の方に目をやっていたり、顔見知りのものに合図を送ったりして、注意を外らしているのである。このようなことは演じているその場その場を台無しにするばかりか、聡明な歌手の賢明さも、務めも危うくするものだ。（マンチーニ　p. 179）

3. 様式化された舞台

　ヘンデルの時代には、上で見たような個々の演技の様式化のみならず、舞台装置や舞台上の移動・配置についても一定の様式化がなされていた。以下にその概略を確認しよう。

3-1 書割（かきわり）について

　18世紀の劇場の平面図によれば舞台左右には何層もの書割が数セット、遠近法を利用するように配置されていた（**図5**）では左右に4本ずつある斜線がこれを表している）。その書割一枚一枚に舞台画家によって、宮廷の一室や中庭、さらには城壁、港などの絵が描かれ、数人の裏方によって一斉に操作していた。ヘンデルのオペラでは、幕は最初と最後の上げ下げのみとされ、場面転換は劇中、前奏や後奏などで、一幕の中に少なくとも4回行われていた。そこで音楽が止まることはなかった。（アイゼンシュミット　p. 24）

　演ずるものから見て右側が下手、左側が上手であるが、身分の高い人物は下手から、身分の低い人物や悪役は上手から登退場する。劇中、悪巧みを企てたり、敵方に

囚われの身になったりした場合も上手からの登退場となる（これは後述の「右の優位」の原則に従うものである）。歌手は書割のいずれかから登場するのだが、その際、下手登場の場合は左手左足、上手登場の場合は右手右足を一歩出した状態で一旦静止し所定の場所へ動き始める（**図4** ラング p. 40）。

3-2 舞台上での決まり事

3-2（1）非直線

登場した歌手は所定の位置、つまりレチタティーヴォやアリアを歌う場所に、曲線を描きながら移動する。登退場以外の全ての場所の移動も同様に、直線的な移動はしない。また、後ずさりすることも、観客に背を向けて、舞台後方へ下がることもない。**図5**はそうした原則に従って舞台上を移動した際の軌跡を示している（イェルガーハイス）。

3-2（2）非対称

舞台上では、演奏している、していないにかかわらず、常に左右どちらかの足に重心を置き、両足に均等に重心が置かれた状態で立つことはない。片側に重心があることで、速やかに、無駄な動きをせず、美しく移動を始めることができる。さらに歌手は、原則として前方を見て演奏し、体は斜めに向け、視線は相手を見ず正面に向けなくてはならない。常に観客に顔を向けることが礼儀とさ

4 The diagonal rule in practice (Lang, Dissertation, 1727)

図6　非対称

れていた。両腕は左右異なる位置に置かれ、左右対称になることを避ける。両手を下げ、脱力した状態をとってはならなかった（**図6**）。これには、特に女性の場合、腕を下げてしまうと、ジェスチャーを行う手がドレスに埋もれてしまうといった理由もあったと考えられる（**図6** ラング p.55）。

3-2（3）右の優位

ジェスチャーは主として右腕と右手で行う。ただし、左腕や左手を動かしてはならないのではなく、右よりも左が高い位置に置かれたり、大きな動きをとったりしないようにする。左が優位になる時は、「地獄」、「冥界」などを指

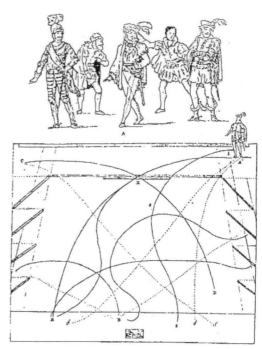

7 Ways of entering the stage. Solid lines indicate the proper ways, the dotted lines show the improper ways (Jelgerhuis)

図5　移動の軌跡と配置

すときなど極めて稀である。

舞台上での立ち位置も、下手側（歌手から見て右）に身分の高い人物、身分の差がない場合は、その場面で優勢な方が下手となる。ただ、これは役柄の序列であり、歌手の序列ではない。いかに人気のある歌手でも、役柄に応じ、そうではない歌手に甘んじて右側を譲らなくてはならなかった。実際、舞台上での立ち位置に関して、問題が生じたことは一度や二度ではないようだ。例えば1748年、ドレスデンの劇場支配人パスクイーニ Pasquini が、ハッセ Hasse (1699－1783) 作曲のオペラ『デモフォオンテ Demofoonte 』の上演に関して、台本作家のメタスタジオ Metastasio (1698－1782) に、舞台上での歌手の配置図について問い合わせの手紙を書いているが、これはオペラ出演中のハッセの妻であるファウスティーナ Faustina が、舞台上での優位にある位置について異議を唱えたためであった（アイゼンシュミット pp.1-3）。

しかし、この立ち位置に関しても、また、その他の決まり事に関しても、あくまでも原則とし、その場その場で対応すべし、と書き添えられている。ファウスティーナの一件も、そのような対応がとられた。

3-2（4）　舞台上の配置

　ニコラス・ソロモンは著書『時のしるし』で舞台上の配置について次のように述べている。演技、演奏はほぼ舞台中央で行われる。ただし、舞台上では、レチタティーヴォ、アリアを演奏する場所、また歌っていない歌手の場所が決められている。基本的に、レチタティーヴォは舞台中央で演奏し、それに続いて歌われるアリアでは舞台前方へと移動し、後奏で先ほどのレチタティーヴォの位置へ戻るか、退場する。アリアを歌わない歌手は、前奏で退場するか、舞台後方へと下がり静止し、背景画とともに活人画、いわゆるタブロー・ヴィヴァンを作り、アリア後奏で再びレチタティーヴォの位置へ戻る。

┌─────────────────────────────┐

コラム：ヘンデルのデュエット

　ヘンデルの多くのオペラにはアリアの他にデュエットが組み込まれているが、その種類は大きく3つに分けられる。

　まず1つ目は「**幸せいっぱいデュエット**」。《ジュリオ・チェーザレ》"Caro/Bella　**愛する方、美しい女**"、《フラーヴィオ》"Deh Perdona　**あぁ　赦してほしい**"恋人同士が結ばれた末に何のためらいもなく喜びを表現するデュエットで、多くはオペラの最終場の大団円で歌われる。3度もしくは6度離れた同じ旋律がぴったり合わさりながら、もう二度と離れないと言わんばかりである。しかしながら、どんなに愛し合っていても、どんなに離れたくなくても、演技の上でお互いの体に触れることは当時タブーであった。

　2つ目は「**すれ違いデュエット**」。求愛を思いっきり拒絶された場面や、心が離れてしまった夫婦によるデュエット。《リナルド》"Fermati!　**行かないで！**"では、それぞれの短い旋律の始めと終わりがくっついているだけで、違う旋律をバラバラに歌う。楽譜では休符が多く音がまばらで、その中を間髪入れずに掛け合うさまは緊張感に溢れている。

　3つ目は「**訳ありデュエット**」。お互いを思う故に辛い決断をする夫婦《ロデリンダ》"Io t'abbraccio　**あなたを胸に抱きます**"（詳しくは本書の対訳をご覧ください）、また、生きて妻に再会できたことを喜ぶ夫と、夫を生かすためには死を選ばなくてはならない妻によるデュエット《トロメーオ》"Se il cor ti perde　**心があなたを失うなら**"では、お互いの旋律はぴったり合わさり、時には半音をぶつけたり絡めたりしながら、濃密で切ない愛が表現される。

　愛する者同士の心の機微についても、ヘンデルの巧みな技は現代の私たちを共感させる。

└─────────────────────────────┘

4．ヘンデルのオペラ

　ヘンデルのオペラは、基本的に交互に歌われるレチタティーヴォとアリアの連続で構成されている。ドラマの筋を語り進めるのがレチタティーヴォであるが、アリアは登場人物自身の感情の表出や独白を行うだけでなく、その内面から離れて、客観的な立場からの、注釈、連想、格言、比喩などを述べるという役割を持っている。

　演技やジェスチャーは、主としてレチタティーヴォを朗唱する際に行い、アリアを歌うときには控えめにする。ここでは、レチタティーヴォにジェスチャーを付け演技をする際に気を付けなければならないことやそれを付けるタイミング、またアリアが持つ機能や性質がどのように劇に組み込まれているかといった点について、オペラ制作に携わった経験から見解を述べようと思う。

4-1（1）レチタティーヴォ

　ヘンデルのオペラ、オラトリオ、カンタータ等全ての声楽作品のレチタティーヴォは、全て4/4拍子で書かれている。ジェスチャーを付ける前に、レチタティーヴォを演奏する際、以下二点について特に知っておかなくてはならない。

　まず一点目は、楽譜上に入れられている休符である。ヘンデルのレチタティーヴォでは、休符の長さは、演奏するにあたってあまり意味を持たない。見るべきものは、その休符が四分休符なのか否かである。簡単に言ってしまえば、一音節目にアクセントのある単語の前には四分休符、二音節目以降にアクセントがある単語の前には四分休符以外の休符が置かれているのである。

　また、休符はそれぞれの単語のアクセントの都合で入れられているに過ぎないので、いちいち忠実に休符を入れてしまうと、レチタティーヴォは途中でいくつにも切れ、ぶつ切れ状態となってしまう。ここで誤解してはならないのは、完全に休符を無視して演奏するのではなく、演奏、演技の間（ま）としての休止は当然必要になってくるということである。したがって、何拍分といったような具体的な長さが必要とされた休符ではなく、歌手がそれぞれの場合に応じてタイミングを判断することとなる。

　二点目に留意しなくてはならないのは、通奏低音である。ヘンデルのレチタティーヴォは、低音がタイでつながれ何小節も通奏低音が変わらない部分と、二分音符や

四分音符などによって低音が変化していく部分が混在し、カデンツで区切られる。低音が変化しない部分では、極端な話、演奏者の解釈でいかようにでも演奏できるが、変化する部分では拍子を重視した演奏をしなくてはならない。このようにそれぞれで演奏の自由度が大きく変わるのである。

演奏にあたり、アクセントや長母音、短母音を正確に発音し、テキストを丹念に読み込むことは重要なことであるが、通奏低音が単語をどのように演出しているかを感じ、想像することが、演奏、演技の奥行きを増すことになるであろう。

4−1（2）レチタティーヴォでのジェスチャーとそのタイミング

それでは『リナルド』のアルミレーナのレチタティーヴォを例に具体的に考えてみよう（**図7**）。

ジェスチャーは基本的に単語のアクセントが置かれている場所であればどこにでも付けられる。まず初めに、テキストにある数多の単語の中から、ジェスチャーを付ける（付けられる）単語をピックアップしていく。必ずジェスチャーを付けなければならないのは、通奏低音の和音が変化する箇所にある単語と、カデンツの上に置かれている単語、そして休符の後で第一音節にアクセントのある単語である。（点線の円部分）

次に、1拍目と3拍目に置かれているアクセントに注目する（実線の円部分）。この中から、より効果的なジェスチャーを付けられる場所を選んでいくのだが、この過程が重要であり、前述の解釈と繋がっていく。また、il mio core や l'affetto tuo のように所有代名詞を含む場合や、cara sposa や dolce catene のように形容詞によって修飾されている場合は、ひとつの単語と考えることができる（四角で囲った部分）。

だが、実際に決まった型が付けられるジェスチャーは限られていて、このレチタティーヴォでは、呼びかけ（Armida!）、高低所にあるもの（Abisso, Cielo, Inferno）、人称代名詞（miei, mi）、量を表す（eterno）などが挙げられる。これらの箇所では全てアクセントのある音節でジェスチャーが付けられ、その都度所作は静止するが、四角で囲った部分では大きな動きをともなった表現が可能となる。

楽譜を見ての通りこれら全ての箇所にジェスチャーは付けられるが、この中から取捨選択するのも歌手の力量（判断）である。レチタティーヴォのジェスチャーは、様式化された、美しい「型」を、いかに絶妙なタイミングで入れることができるかにかかっている。これは丹念な実践を繰り返すことでしか身につけることができない。

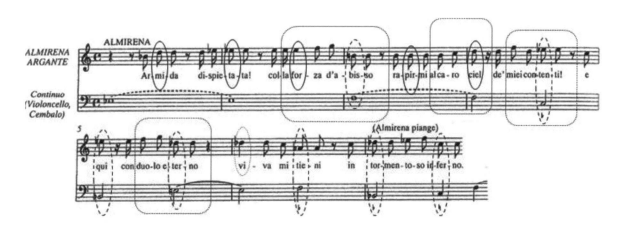

図7　オペラ《リナルド》2幕4場のアルミレーナのレチタティーヴォ

4-1（3）絵画に見られるジェスチャー

　では次に、実際にどのようなジェスチャーがつけられていたか、絵画の中に描かれている例を見ていこう。多くの画家によって描かれた「受胎告知」は、大天使ガブリエルがマリアに懐妊を告げる物語を主題にした、宗教画でも最も知られた場面の一つである（新約聖書「ルカによる福音書」1章26〜38節）。この場面で、マリアは、戸惑い（図8）、考え込み（図9）、疑問を持ち問いかけ（図10）、謙虚に受け入れる（図11）。ボッティチェリ（図8）では両手を相手に向け体を曲げ驚きと戸惑いを、リッピ

（図9）では右手を胸に当て首を傾げ考えているさまを、バルドヴィネッティ（図10）では右手を斜めに相手に向け問いかけ、そしてフラ・アンジェリコ（図11）では交差させた両手を胸に当てお告げを受け入れている様子がそれぞれ描かれている。

　ダ・ヴィンチの「受胎告知」とエル・グレコの「キリストの祝福」に描かれている天使ガブリエルとキリストの右手は、人差し指と中指だけ立て祝福を表している。このジェスチャーはキリストの聖画によくみられる（図12、図13）。

図8 サンドロ・ボッティチェリ

図9 フィリッポ・リッピ

図10 アレッソ・バルドヴィネッティ

図11 フラ・アンジェリコ

図12 レオナルド・ダ・ヴィンチ

図13 エル・グレコ

モーセとエジプトを離れた民が道中不満を言ったために、神から噛まれると命を落としてしまう蛇が送られてきた。民はモーゼに許しを請い、モーゼは噛まれても死なない青銅の蛇を作り旗竿の先に掲げ、それに向かって民は懇願した。(旧約聖書 民数記 21:4-9)広げた両手の位置、手のひらの向きによって、ジェスチャーの意味が違ってくる。この絵の場合は頭より上の高い場所で、両手を天に向けているが、この状態の手が顔の前に置かれると「拒絶」を表すこともある。また手のひらを向かい合わせ、高い場所に置かれる場合は、「祈り」や「幸福」といったジェスチャーになり、手のひらを上に向け胸の前に置かれる場合は「運命」を、その状態で腕を広げると「潔白」を表すなど、その表現は様々である(**図14**)。

図14 アンソニー・ヴァン・ダイク

　ピエタとはイタリア語で「哀れみ」を意味するが、この絵では聖母マリアが、十字架に張りつけられ死んだキリストの死を悲しむ様が描かれている。両手を左側の胸の前で組み、逆側の天を仰ぎ悲しみに暮れる様子が描かれている。2−1 で触れたジョン・バルワーの図版(**図1**)のC Ploro (悲嘆する)がまさにこの型である(**図15**)。

図15　セバスティアーノ・デル・ピオンボ

　禁断の果実を食べてしまったアダムとイヴが、炎の剣を振りかざした智天使ケルビムに追放される場面で、アダムがとっているこのジェスチャーは、物事を受け入れられない時に付けられる。拒絶する際の典型的なジェスチャーでオペラでもよく使われる。前述のボッティチェッリの「受胎告知」(**図8**)に似ているが、違いは顔が逆側に向けられていることである((**図16**)。

　図17は、聖書をラテン語に翻訳したことで知られる神学者聖ヒエロニムスが、荒野での修業の最中、何度も肉欲の誘惑に苦しみながら、これを拒んでいる場面と理解される。

図16　ミケランジェロ・ブオナローティ

図 17　フランシスコ・デ・スルバラン

図 19　ミケランジェロ・ブオナローティ

次の図に描かれている女性の右手を見ていただきたい。このように手のひらを少し丸めて、人差し指と中指を軽く触れさせ、その他の指は適宜に離すといったこの形が、手の基本ジェスチャーである。この手の形を崩すことなく、場所や向きを変えてポーズをとることが舞台では広く推奨されている（**図 18**）

図 20 に見られるような、体を少し斜めにし、後ろに引いた右足に重心をかけ、顔を正面に向けているこの男性の立ち姿が、舞台上で最も理想とされるポーズである。

図 18　ロレンツォ・ロット

図 20　アンソニー・ヴァン・ダイク

図 19 は、神が人差し指を通じてアダムに生命を与える場面だが、この手のそれぞれの指の間隔は舞台のジェスチャーとして理想的である。

最後の一枚は複数の人物が登場する場面の立ち姿と位置のお手本とも言える絵である（**図 21**）。

左の赤いドレスを着た子供と中央の白いドレスを着た子供は、斜めに向かい合うように立ち、顔を正面に向けている。右の青いドレスの小さな子供も、中央の子供と重なり左の子供と斜めに向かい合っている。3 人の非常に仲の良い様子が伝わり微笑ましい場面である。このように左の子供の右足と中央の子供の左足が前に置かれて

いるポーズは良好な関係を表し、基本的にレチタティーヴォはこの配置で演奏される。左か中央のどちらかの子供が反対の足を前に出し、奥にある肩が前に出ると、関係は一転し、相手を拒絶する場面と変わってしまう。

図21　アンソニー・ヴァン・ダイク

4-2（1）アリア

　ヘンデルのアリアは、その大半が「ダ・カーポ・アリア」の形式でA-B-A'の三部分からなる三部形式のアリアである。この他には、ダル・セーニョ・アリア（B部演奏後、A'のダル・セーニョ　マークへ戻る、ダ・カーポ・アリアの小カット版）、A部のみのアリアなどがある。アリアでの演技には、その形式はほとんど関係がない。留意すべきことは、アリアの前奏の有無であり、また、前奏、間奏、後奏の長さである。　ダ・カーポ・アリアは時間的な長さや完結した形式美によって、劇の流れを止めてしまうことにもなる。アリアが筋書きの転換を止めてしまうのである。これには、長い前奏や間奏にも原因の一端があると考えられる。

4-2（2）アリアでの演技

　歌手は、レチタティーヴォの最後のカデンツでポーズをとって静止し、前奏が始まるとアリアを演奏する場所、つまり舞台前方中央に、演技をしながら移動する。演奏場所に到達するタイミングは、拍子やテンポにもよるが、歌い始めの1小節から2小節前が望ましい。A部演奏後、次の間奏で下手、もしくは上手に移動してB部を、そしてダ・カーポしてA'部前奏で元居た場所、前方中央へ戻る。これは、例えば、A部で復讐心に燃え、自身を煽り、B部では、でも本当は彼のことを愛していると、本音を吐露するといったように、A部とB部とで感情が違うことがしばしばあるためである。

　長大なアリアの場合、前奏や間奏、後奏も長くなるため、歌手は自分が歌っていない膨大な時間を、舞台上で過ごさなければならない。そこでの演技は、大きく二つのやり方が考えられる。一つは前のレチタティーヴォでの演技を繰り返すというやり方で、その場合相手と無言のやり取りをすることもできる。ただし、演奏が始まると演奏しない登場人物は舞台後方へ下がってしまうので、これができるのはA部前奏のみである。もう一つは、アリアのテキストを先取りして演技をする場合で、この時は舞台上に置かれている道具や家具を使うこともある（実際、手紙、剣、手芸道具などの小道具、玉座、椅子、小卓などの大道具などは台本のト書きに書かれているので、当時の舞台上で使われていたと考えられる）。また一旦舞台から退場し再び戻ってきたり、舞台上を走り回ったり、さらに、恋仲であっても、抱き合ったり、触れ合うことはタブーとされていたが、これはあくまでも原則であることは断っておく。

　では、前奏のないアリアではどうであろうか。このようなアリアは、レチタティーヴォに直結し、レチタティーヴォと同様に筋を進める役割を持つと考えられる。前奏がないので、アリアはレチタティーヴォの最後のカデンツの場所から歌い始め、A部のなかにある短い間奏で舞台前方中央に出てくる。その後は、前奏のあるアリアと同じ動きをする。

　アリアを歌っているときの演技は、前述の通り控えめに行うが、決して脱力した状態であったり、演奏の都合に合わせるものであったりしてはならない。アリアで表現する、いくつかの感情、喜び、怒り、苦しみなど、を連想させるポーズを組み合わせ、表現を視覚的に補助する。タイトルの付けられている彫刻をイメージするとわかりやすいだろう。演技を控えめにするのは、アリアを思う存分聴かせるためであり、それを邪魔する余計な演技はいらないのである。

5. ヘンデルのオペラ演出

　劇作品を解釈し、具体的な作品の方向性から、配役、照明、舞台装置を決め、演技指導を行うといった、われわれの知る演出家の出現は19世紀前半まで待たなければならない。では、演出家のいない当時はどのように上演されていたと考えられるだろうか。

当時の演技における感情表現では、役柄を個性的に作り上げること、直観や感情の赴くままに役を演ずることはなかった。必ず型があり、類型があり、演技は個人の主観的な告白ではなかった。つまり、感情は型を通して伝えられるのであり、演技に関しては誰が演じても同じであるべきとされていた。さらに言ってしまえば、役になりきる必要はなく、本当に感じているかどうかはどうでもよいことなのである（アイゼンシュミット　p.13）。これが、19世紀以降の劇音楽における演技と大きく異なる点であると言えるだろう。

　登退場する場所、演奏する場所、登場人物の配置は決まっていて、そこで披露するジェスチャーも、演技も決められ、現代でいう演出家は必要がなかった。歌手は、それぞれ独自の判断で、演劇の学校に通ったり、個人レッスンを受けたりして演技を習得していた（アイゼンシュミット p.7）。舞台上ではルールに基づいた演技がなされていたが、やはり主たる関心が向けられていたのは、観客も歌手もアリアだったのである。

おわりに

　ヘンデルのオペラを、作曲された時代の条件を考慮して上演する際、演出家の役割は最小限に留まることになる。作品そのものとは無関係な、演出家独自の哲学や世界観を披露したり、メッセージ性を与えたりといった演出は、当時の劇音楽では考慮の外にあった。

　また、ヘンデルのオペラは、それぞれの場面が、連続した映画のようにではなく、何枚もの絵を一枚一枚めくって観ていくかのように進行する。レチタティーヴォで筋が進められ、アリアで止まるといったことが繰り返されながら作られているヘンデルのオペラに、一貫性のある演技を付けストーリーの継続性を保とうとすることは、本質からかけ離れてしまうことにも繋がりかねない。つまり、一人の主人公がたどる運命が到達する最終的なクライマックスを生み出すことが、主たる目的ではないのだ。

　したがって演出家は、現代のわれわれが通常期待するような感情移入に基づくリアリティー、日常的な生（なま）の感情や興奮といったものとは別の、テキストやその様式的表現といった18世紀のオペラが目指したものを意識して舞台に臨む必要があるだろう。

原　雅巳 (はら　まさみ)
日本ヘンデル協会会員

【参考文献】

Austin, Gilbert : *Chironomia or a treatise on rhetorical delivery, London, 1806 (Ed. Mary Margaret Robb and Lester Thonssen. Carbondale, IL: Southern Illinois UP, 1966)* [ギルバート・オースティン『カイロノミア、すなわち修辞話法論』渡部惠一郎訳]

Barnett, Dene: *The Art of Gesture : The Practices and Principles of 18th Century Acting, Heidelberg, 1987,* [ディーン・バーネット『ジェスチャーの芸術:18世紀の演技の実践と原則』渡部惠一郎訳]

Bulwer , John : *Chirologia or the Natural Language of the Hand, London, 1644* [ジョン・バルワー『カイロロジア、すなわち手による自然な言語』抜粋　渡部惠一郎訳]

Eisenschmidt , Joachim : *Die szenische Darstellung der Opern Georg Friedrich Händels auf der Londoner Bühne seiner Zeit, 2. Bde, 1940/41. Wolfenbüttel, R/1987 Laaber Verlag* [ヨヒアム、アイゼンシュミット『ロンドンの劇場におけるヘンデル・オペラの舞台上の演出』　研究会用資料:渡部惠一郎作成)

Johannes, Jelgerhuis :*Theoretische lessen over de gesticulatie en mimiek, Amsterdam, Warmars, 1827* [ヨハネス・イェルガーハイス『ジェスチャーと顔の表情についての理論的なレッスン』渡部惠一郎訳]

Lang, Francesco :*Dissertatio de Actione Scenica, München 1727* [フランチェスコ・ラング『舞台演技に関する論文』]

Mancini , Giambattista : *Pensieri Riflessioni pratiche sopra il canto figurato、Vienna，Stamparia di Ghelen, 1774* [ジャンバッティスタ・マンチーニ『ベル・カントの継承:装飾の施された歌唱に関する実践的省察』(アルカディア書店, 1990年　渡部東吾訳]

Siddons, Henry : *Practical illustrations of rhetorical gesture and action , London1807/R 1822* [ヘンリー・シドンズ『修辞的ジェスチャーならびに演技の実用的図解』(1807)抜粋] 研究会用資料：渡部惠一郎 訳]

Solomon, Nicolas : *"Signs of the times: a look at late18th-centhry gesturing"* in: *Early Music, November 1989, pp.551-562* [ニコラス・ソロモン『時のしるし:十八世紀のジェスチュア瞥見』研究会用資料：渡部惠一郎 訳)

オーディール・デュスッド, 伊藤洋　監修『フランス17世紀演劇事典』(中央公論新社、2011年)

【絵画一覧】

図8 サンドロ・ボッティチェリ
『チェステッロの受胎告知』
Sandro Botticelli
"Annunciazione di Cestello"

図9 フィリッポ・リッピ『受胎告知』
Fra Filippo Lippi, "Annunciazione"

図10 アレッソ・バルドヴィネッティ『受胎告知』
Alesso Baldovinetti, "Annunciazione"

図11 フラ・アンジェリコ『受胎告知』
Fra Angelico , "Annunciazione"

図12 レオナルド・ダ・ヴィンチ
Leonardo da Vinci, "Annunciazione"

図13 エル・グレコ
『祝福するキリスト(世界の救い主)』
El Greco, "Salvator Mundi - El Salvador"

図14 アンソニー・ヴァン・ダイク『青銅の蛇』
Anthony van Dyck, "The Brazen Serpent"

図15 セバスティアーノ・デル・ピオンボ『ピエタ』
Sebastiano del Piombo, "Pietà"

図16 ミケランジェロ・ブオナローティ

『原罪と楽園追放』(システィーナ礼拝堂天井画)
Michaelangelo Buonarroti, "Peccato originale e cacciata dal Paradiso terrestre"

図17 フランシスコ・デ・スルバラン
『聖ヒエロニムスの誘惑』
Francisco de Zurbarán,
"Tentaciones de San Jerónimo"

図18 ロレンツォ・ロット
『ルクレツィア伝承に霊感を得た女性の肖像』
Lorenzo Lotto, "Ritratto di gentildonna nelle vesti di Lucrezia"

図19 ミケランジェロ・ブオナローティ
『アダムの創造』(システィーナ礼拝堂天井画)
Michaelangelo Buonarroti,
"Creazione di Adamo"

図20 アンソニー・ヴァン・ダイク『ジェイムズ・ハミルトン、初代ハミルトン公爵の肖像』
Anthony van Dyck, "Portrait of James, 1st Duke of Hamilton"

図21 アンソニー・ヴァン・ダイク
『英国王チャールズ1世の子供たち』
Anthony van Dyck, "Children of Charles I of England"

原 雅巳 (はら まさみ)

　東京藝術大学音楽学部声楽科卒業。同大学院独唱科修了。93年渡仏。オルレアン・コンセルヴァトワール、ジュネーヴ・コンセルヴァトワール(古楽センター)を修了。

　97年帰国。ソロアルバム「ふらんすの恋歌」('05)、その他「パリの悦楽」('06)、「The First Noel」('10)、「鳥の歌」('12)、「Ave Maria」('14)をリリース。

　故渡部惠一郎氏のもと、バロックジェスチャーの研究を本格的に行い、'01年には第69回日本音楽学会・東洋音楽学会の合同例会にてパネリストを務める。また、'05年放送大学客員講師として出演する。

　1998年日本ヘンデル協会設立よりバロック・ジェスチャーの講師を務め、協会の主催するオペラ公演の音楽監督としてこれまでにヘンデルのオペラ《リナルド》《セルセ》《アグリッピーナ》《イル・パストール・フィードー(忠実な羊飼い)》《アレッサンドロ》《パルテノペ》《フラーヴィオ》《デイダミーア》《アリオダンテ》の演出、指揮を務める。北とぴあ国際音楽祭関連公演《リナルド》('19)、神奈川県立音楽堂主催《シッラ》('20)、18世紀学会第42大会('20)でレクチャーコンサートを行う。日本ヘンデル協会会員。

George Frideric Handel

Giulio Cesare in Egitto
Dramma per Musica
HWV 17

ジョージ・フリデリック・ヘンデル

オペラ 《エジプトのジュリオ・チェーザレ》

《エジプトのジュリアス・シーザー》

対 訳　　諏 訪 羚 子

解 説　　三 ヶ 尻　正

日本ヘンデル協会

G. F. ヘンデル (1685-1759)
オペラ 《ジュリオ・チェーザレ》 HWV 17
【楽曲解説】 三ヶ尻　正

ヘンデルがオペラで最も活躍していた時期(第1次国王音楽アカデミー期)の代表作
古代ローマの史実をもとにした一大スペクタクル。

■ヘンデルとオペラ・オラトリオ

　作曲家ヘンデルとそのオペラについての概要は本書第2章「ヘンデルの生涯とオペラ」(P9～P12)をお読みいただきたい。

■《ジュリオ・チェーザレ》作曲と初演・その後

　作曲と初演 ─オペラ《ジュリオ・チェーザレ(ジュリアス・シーザー)》の台本の原作は、紀元前48年のカエサルのエジプト遠征を題材に、17世紀のヴェネツィアでジャコモ・フランチェスコ・ブッサーニが書き、1677年にアントニオ・サルトリオが最初に作曲・上演したもので、これを底本にチェロ奏者・作曲家でもあり、《テゼオ》《ロデリンダ》等の台本も手掛けたイタリア人のニコラ・フランチェスコ・ハイムがロンドン向けに翻案して台本とした。

　音楽は第1次王室音楽アカデミー期の1723年夏から翌年初に作曲され、1724年2月20日にヘイ・マーケットのキングズ・シアターで初演された。

　初演時の配役を見ると、シーザー役にはカストラートのセネジーノ、クレオパトラ役にはクッツォーニを置くなど、盤石のキャストで臨んでいたことがわかる。オペラは初演のシーズン内に13回再演される順当な成功を収め、その後も1725、1730、1732年に25回再演されている。

初演時の配役

Giulio Cesare:	Senesino (Castrato)
Curio:	John Lagarde (Bass)
Cornelia:	Anastasia Robinson (Contralto)
Sesto:	Margherita Durastanti(Mezzo-Soprano)
Cleopatra:	Francesca Cuzzoni (Soprano)
Tolomeo:	Gaetano Berenstadt (Castrato)
Achilla:	Giuseppe Maria Boschi (Bass)
Nireno:	Giuseppe Bigonzi (Castrato)

　空白期間と蘇演 ─ 1741年にヘンデル自身がオペラから撤退して以後180年の空白期間を経て1920年代にドイツ・ゲッティンゲンでヘンデル・オペラの蘇演が始まると、《ジュリオ・チェーザレ》も1922年にここで上演され、次第に各地で舞台に掛けられるようになる。しかし主役シーザー役を1オクターヴ下げてバスやバリトンの歌手が歌ったり、筋のつながりへの配慮を欠いたカットを多数行なったりするような折衷的な上演が長く続いた。1970-80年代になって古楽・オリジナル楽器演奏が盛んになってやっとヘンデル時代の上演スタイルを目指したオペラ上演が行なわれるようになり、《ジュリオ・チェーザレ》も1977年にイギリス・バーミンガムで古楽での上演が行なわれた。現在ではイギリスのコヴェント・ガーデン王立歌劇場やグラインドボーン音楽祭、ニューヨークのメトロポリタン歌劇場、ミラノのスカラ座など国際的なオペラ・ハウスのレパートリーとなっている。

■オペラのあらすじ

　シーザー(ユリウス・カエサル；Castratoまたは Alto/MS)は政敵ポンペーオ(グナエウス・ポンペイウス)軍を破り、彼の逃亡先エジプトにやってきた。敵の妻コルネリア(Alto)と息子セスト(セクストゥス・ポンペイウス；Castratoまたは Alto/MS)が現れ、ポンペーオの助命を求めて臣従を誓う。ところがエジプト王トロメーオ(プトレマイオス13世、共同統治者の片方；CastratoまたはAlto/MS)の家臣アキラ(アキラス；Bass)はシーザーの機嫌を取るためにポンペーオを殺し、その場に首を持ってきた。絶望する母子。シーザーにとっても、ライバルとはいえローマの偉大な指導者ポンペーオを虐殺したことは許しがたい暴挙であった。シーザーはポンペーオを丁重に葬ってコルネリアとセストの保護を約束し、母子はトロメーオへの復讐を決意する。

　シーザーに面会したトロメーオは一応臣従の意を示すものの、敵意を秘めていることは明らか。彼はさらにコルネリアに会って一目惚れするが、受け容れて貰えないので、とりあえず彼女と息子を別々に幽閉することにする。

　一方トロメーオの姉で、彼と対立するエジプト女王(共同統治者のもう片方)クレオパトラ(Sop)は何とかシーザーを味方につけたい。リディアと

いう名の架空の侍女に扮して接近した彼女にシーザーは夢中になり、二人は逢瀬を楽しむが、王宮でトロメーオ一派が反シーザーの騒ぎを起こしたとき、クレオパトラは思わずシーザーに自分の正体を明かしてしまう。不意を突かれたシーザーは追い詰められて海へ飛び込んで逃げざるを得なくなった。後宮のコルネリアを訪れたトロメーオにセストが襲いかかるがこれも失敗。シーザーが死んだとのデマも届く。

クレオパトラ自身も軍勢を立てて反トロメーオの戦いを開始する。トロメーオ陣営のアキラは勝った暁にはコルネリアが欲しいと申し出るが、トロメーオに拒まれたため彼を見限ってクレオパトラ側に寝返る。セストも先の失敗から立ち直り、再度復讐を目指す。

戦いの末、クレオパトラはトロメーオ軍に敗れて捕らえられる。ただ彼女に加担して戦死したアキラが、死ぬ前にセストに宮殿に忍びこむ裏道を教えていた。シーザーは海を泳いで生き延びていて、セストに合流して王宮に潜入し、まずクレオパトラを救出。次にトロメーオがコルネリアに言い寄っているところへセストが突入、トロメーオを倒して復讐を果たす。一同集まってシーザー、クレオパトラ勢の勝利を祝い、全曲の幕となる。

■史実とオペラ ～ 台本の意図について

さて、シーザーとクレオパトラの恋仲は歴史上も有名な話だが、細かく見て行くとこのオペラと史実の間にはさまざまな相違点があることに気付く。

冒頭のシーザーの台詞「来た、見た、勝った」は史実上はエジプトではなく小アジア（現トルコ）遠征時のものだった。これはサービス精神旺盛なヘンデルのお愛嬌としても、オペラでポンペーオの妻コルネリアの息子セストはシーザーに臣従し、行動を共にしているが、史実のセストはコルネリアにとっては継子であって実子ではなく、オペラの中のような親愛の情があったとは考えられない。またセストは父の処刑後はシーザーに叛旗を翻し、やがては海賊として暗躍している。トロメーオ旗下のアキラはオペラではコルネリアをめぐってトロメーオと対立して戦死するが、史実では内紛により前の年にすでに死んでいた。

こうして見ると、このオペラの台本は歴史上の人物やエピソードをある程度使いつつも、史実をかなりデフォルメしていることが分かる。

ではなぜそんなことをしたのだろうか？ヘンデルはじめバロック・オペラの研究者ラインハルト・シュトロームは言っている：「バロック時代のオペラ台本では、ヘンデルに限らず、歴史の描出は**すべて**、その当時のこと

と何かしらの意味関係を持っている。」(**下線**は三ヶ尻)。当時の政治・社会情勢から何らかの意図を読み取ることはできないだろうか？いくつかの可能性が考えられる。

①ヘンデルの第1次王室音楽アカデミー期は、ドイツから来たジョージ1世・ハノーヴァー朝への風当たりが強い時期でもあり、オペラでも《オットーネ》《ロデリンダ》など、国王批判やジェームズ2世の子孫の復権を望むジャコバイト派寄りの作品が多数上演された時期だった。その路線でオペラ《ジュリオ・チェーザレ》を見ると・・・「エジプトは内紛状態で女王クレオパトラが苦労している。シーザーはこれを助けるためにローマからやってきて平定に寄与した。しかし史実ではシーザーがその後エジプトを離れてローマに帰ったことは誰でも知っている。ポンペイウスは死んだが、妻コルネリアと高貴な血を継いだセストが将来への希望をつないでいる。」と要約することができる。

これを現実に当てはめると・・・「イギリスではアン女王の跡を継げるプロテスタントの王位継承者が近親におらず苦労している。そこへ遠縁だがジョージ1世がこれを解消するために大陸からやってきて一応落ち着いた。しかし彼は所詮よそ者で、ドイツに帰るべきだ。ジェイムズ2世は死んだが、大陸にはその妻モデナのメアリとその子「老僭王」ジェイムズ・エドワードがいて、将来の王位継承は可能だ。」となり、ジャコバイト派の台本として読むことが可能だ。

②しかし現実の政情を見ると、ジャコバイト派は1722年にアタベリ陰謀事件が発覚し、急速に支持を失った時期にあたる。ジョージ1世支持派としては巻き返しの大きなチャンスだ。その視点でオペラの台本を見ると・・・「クレオパトラの弟トロメーオはエジプト支配を目指している。この一派を排除して女王クレオパトラを応援するため（もとは政敵ポンペーオの追撃のため）、シーザーはローマからエジプト遠征を行なった。ポンペイウスは不幸な死を遂げたが、妻のコルネリアと子のセストは高貴な血を引き継ぎ、シーザーとともにトロメーオ排除とクレオパトラのエジプト統治を助ける。」と要約できる。

これを現実に当てはめると・・・「1688年の名誉革命でジェイムズ2世は大陸に亡命したが、その子孫でメアリ2世の庶弟「老僭王」ジェイムズは依然イギリス王位への復権を目指している。この一派を排除して妻メアリ2世のイギリス王位を守るため、オレンジ公ウィリアムはウィリアム3世としてオランダからイギリスへやってきた。ジョージ1世の母ソフィアはイギリス王家の血を引いている。その息子たるジョージ1世は正統

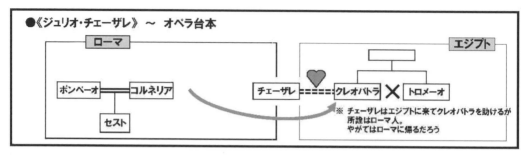

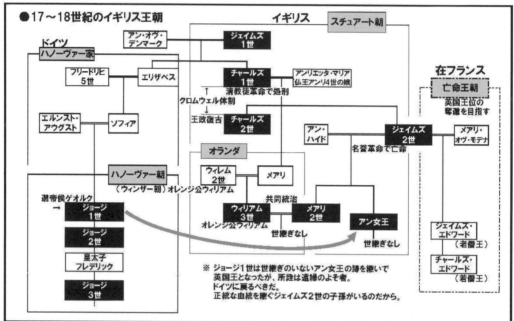

な王位継承者であり、ウィリアム3世とメアリ2世の跡を継いで、老僭王ジェイムズの排除とプロテスタントの君主による英国統治を助ける。」となり、ジョージ王党派の台本と読むことができる。

　イギリスでは演劇を通じた政権批判の伝統があり、近世の歴代政権はこれを抑え込もうと躍起になるのだが、音楽劇への統制はゆるく、特にイタリア語で歌われるオペラへの締め付けは甘かった。そのためオペラ劇場は、音楽劇を楽しむ場であるとともに、政権批判派・政権擁護派どちらにとってもその主張を世に問う格好の場であり、オペラは「時事問題エンターテインメント」であった。

　とはいえあまりに露骨な政権批判は劇場への統制につながりかねないため、制作側も台本を玉虫色にして批判側とも擁護側とも取れるような工夫をしている。台本が上記のように二様に見えるのもそのためだろう。

　《ジュリオ・チェーザレ》は勢いを得ていた王党派の支持を受けたのか、成功を収めて初演時には13回の上演を果たしている。玉虫色効果もあって反王党派にもそれなりに受けたであろう。

　バロック・オペラはその時事性ゆえに、その時もてはやされても翌年以降はすたれてしまう、いわば「機会音楽」としての性格が強かった。ヴェネツィアで29回もの連続上演を果たした若きヘンデルの《アグリッピーナ》(1709末または翌年初)もその後250年以上再演されずに眠っていた。

　古楽演奏の盛り上がりによってバロック・オペラの蘇演もかなり増えてきてはいる。しかし上記のような時代背景や「機会音楽」としての在り方が浸透するのはこれからだろう。すっかり定着した古楽・オリジナル楽器演奏の根底には、作曲された当時の楽器・奏法で上演してこそ作品本来の良さが分かる、という信念がある。楽器や奏法だけでなく、その作品が書かれ上演された背景を知ることも、作品をより深く楽しむための大きな要素である。

　とはいえ、実際の政局に直面していない現代の我々にとって、当時の党派間の駆け引きにまで簡単にのめり込めないのも事実だろう。その意味で、歴史上の有名な人物・事件を扱った《ジュリオ・チェーザレ》は時代を超えて楽しめる要素を備えた題材の作品である。

■時代を超えるエンターテインメント

ヘンデルのオペラには、旋律の美しい《オットーネ》や《セルセ》、演劇としての展開で聴衆をとらえる《ロデリンダ》や《アリオダンテ》、諷刺の利いた《忠実な羊飼い》、人物描写に優れた《アルチーナ》、技巧の粋を聞かせる《アレッサンドロ》、多様なスペクタクルの《リナルド》などさまざまな魅力の作品があるが、《ジュリオ・チェーザレ》は誰もが知っている題材を扱った知名度、多様な登場人物の思惑の絡み合い、ドラマの展開の面白さ、多様な器楽と豊かなオーケストレーション（通常の弦楽合奏は時に5部となり、通奏低音にはヴィオラ・ダ・ガンバとハープが加わる。管はリコーダー2、フルート、オーボエ2、ファゴット2、ホルン4を要す）、ちりばめられた名曲など多くの魅力を備えていて、今も人気を博す要素が多く含まれている。

単独で取り出して歌われる名曲も多い。第1幕第9場でトロメーオの企みを感じ取ったシーザーが、悪人を慎重な狩人にたとえて歌う〈聡い猟師は・・・黙って密かに〉Va tacito e nascosto(ホルンの伴奏)、第2幕第2場で初対面を果たしたクレオパトラが歌う〈お前たちに憧れる、双の瞳よ〉V'adoro, pupille、同じく第2幕第2場でシーザーがクレオパトラ(が扮したリディア)と二人で会える期待を歌った〈花咲く美しい野で〉Se in fiorito ameno prato(ヴァイオリン・ソロを伴う)、そして最も有名なのは第3幕第3場でシーザーが死んだと思いこんで絶望するクレオパトラの悲痛ながらに美しいアリア〈我が運命に泣き暮らす〉Piangero la sorte mia であろう。しかしこれらの曲はドラマの中で歌われることでさらに魅力を増す。

ヘンデル時代の場面転換は「書き割り」と呼ばれる襖(ふすま)状の背景画を、舞台の両脇に奥行き方向に何層も重ね、それらをスライドさせて引き出すことで、瞬時に背景を転換させることが可能だった。19世紀に現われた回り舞台では大規模な舞台転換が可能だが、その変換には最低でも数分はかかる。ヘンデル時代の書き割り方式であれば数秒で可能だ。そのため、音楽もわずか数小節の間に様相が一変するようなことも多い。現在の劇場でそれをどう実現するかにはハードルもあるが、映画やテレビにも劣らない小気味よい場面転換は現代人も飽きさせることがない。

バロック・オペラの上演はヨーロッパを中心にますます増えているが、その中でもヘンデル作品、特に《ジュリオ・チェーザレ》は、その動きを牽引していると言えるだろう。時代背景・思潮を知ればもちろん面白いが、そこまで知らなくてもスペクタクルな場面に満ちた、エンターテインメントとして楽しむことのできる作品である。

三ヶ尻 正（みかじり ただし）
日本ヘンデル協会会員

Personaggi
登場人物

Interlocutori* Romani

Giulio Cesare,
  Primo Imperatore de' Romani.

Curio, Tribuno di Roma.

Cornelia, Moglie di Pompeo.

Sesto Pompeo,
  Figlio di Pompeo e Cornelia.

古代ローマ側の人物

ジュリオ・チェーザレ：
  ローマ帝国の初代皇帝**

クーリオ：　　ローマ帝国の行政官

コルネーリア：ポンペーオ***の妻

セスト・ポンペーオ：
  ポンペーオとコルネーリアの息子

Interlocutori Egizzi****

Cleopatra, Regina d'Egitto.

Tolomeo, Re di Egitto,
  Fratello di Cleopatra.

Achilla, Duce Generale dell'armi,
  e Consigliero di Tolomeo.

Nireno, Confidente di Cleopatre,
  e Tolomeo

古代エジプト側の人物

クレオパトラ：エジプトの女王

トロメーオ：　エジプトの王
  クレオパトラの弟でもある

アキッラ：　　エジプト軍の総大将で
  トロメーオの顧問

ニレーノ：　　クレオパトラの腹心の側近。
  トロメーオの腹心でもある。

---

*　　 interlocutori は「対話（対談）者」との訳語が当てられるが、対話やディスカッションをする人のことなので、ここでは「人物」の訳語をあてた。

**　 史実のカエサル（チェーザレ）は絶大な権力を持っていたが、皇帝にはなっていない。ここは台本に従った。文字通りには「古代ローマ市民の初代皇帝」と書かれているが、初代皇帝は甥のオクタヴィアヌス（アウグストゥス）。

*** カエサル（チェーザレ）と覇権を争ったローマの政治家にして将軍。
  大ポンペイウス Gnaeus Pompeius Magnus と呼ばれた人物（前 106-48）

**** egizzi（古代エジプトの／古代エジプト人 egizio の複数形）は、普通は z ひとつで egizi と表記される。

"GIULIO CESARE In Egitto"

《エジプトのジュリオ・チェーザレ》

Atto I SCENA I

Campagna d'Egitto con antico Ponte
sopra un Ramo del Nilo.

Cesare e Curio, che passano il Ponte
con seguito.

Coro di Egizzi.

    Viva viva il nostro Alcide
        Goda il Nilo in questo dì、
    Ogni spiaggia per Lui ride,
        Ogni affanno già sparì.

Ces.[2] Presti omai l' Egizzia[3] Terra
        Le sue palme al Vincitor.

Curio Cesare venne, e vide, e vinse:
    Già sconfitto Pompeo, invan ricorre
    Per rinforzar de' suoi Guerrier lo stuolo
    D'Egitto al Re.
Cur. Tu quì Signor giungesti
    A tempo appunto a prevenir le trame:
    Ma! Chi ver noi sen' viene ?

SCENA II

Cornelia , Sesto, e detti.

Ces.   Questa è Cornelia.
Cur.   O Sorte !
    Del Nemico Pompeo l' Alta Consorte ?
    Cesare: a questo[5] un tempo
    Sacrai la Libertate
Cor. Signor: Roma è già tua. Teco han gli Dei
    Oggi diviso il Regno; ed è lor Legge

第1幕 第1場

エジプトの平原
ナイル川の支流に古い橋がかかっている。

チェーザレとクーリオが従者とともに
その橋を渡っている。

エジプト人の合唱

    万歳 万歳 われらがアルチーデ[1]。
      今日のこの日、ナイルの川は喜ぶがよい、
    岸辺はみな彼に微笑み、
      あらゆる苦悩は消え去った。

チェーザレ いまや エジプトの地は
    勝利者にその棕櫚[4]を与えるがよい。

    クーリオよ、チェーザレは来た、見た、勝った。
    ポンペーオはすでに敗れ、虚しくも
    自らの兵団を立て直さんと
    エジプトの王に援助を求めている。
クーリオ あなたは、殿よ、その計略を出し抜くために
    丁度よく ここに来られました。
    や! 誰かが こちらにやって来るが？

第1幕 第2場

コルネーリア、セスト、すでに登場の人物。

チェーザレ あれはコルネーリアだ。
クーリオ おお なんと！
    敵将ポンペーオの気高き奥方ではないか？
    チェーザレ殿、私はかつて彼女に
    ぞっこんだったんですよ。[6]
コルネーリア チェーザレ様、ローマはすでにあなたのもの。
    いまや神々は その王国をあなたと分かち合い、

---

1 アルチーデはギリシャ神話のアルケイデスで、ヘラクレスの別名（幼名）である。

2 台本原文では、登場人物名を省略したあとのピリオドがあったりなかったりするが、このピリオドはあえてつけた。その他に関しては、単語の活字上の誤記等は訂正せずに原文通りとし、必要と思われる箇所は脚注した。ただ、繰り返される同種類の誤記や注釈しなくても分かるようなものは、煩雑になることを避けてその都度の注解はしていない。。

3 普通は z 一つで egizia と表記されるが、この台本ではすべて zz になっている。

4 古代ギリシャ・ローマで、勝利の徴として頭にのせる棕櫚の冠。棕櫚を与えるということは勝利者として認めるということである。

5 コルネーリアに惹かれたと言っているのであるから questo ではなく questa（女性指示代名詞）が正しい。

6 原文では consacrai la libertate「（彼女に）自由を奉納した」と表現されている。自分のすべてを捧げて、恋慕の情にがんじがらめになっている状態の表現である。

Che del grand' Orbe al pondo

Giove regoli il Ciel, Cesare il Mondo.

Ces. Da Cesare che chiedi,

Gran Germe de' Scipioni alta Cornelia ?

Cor. Dà pace all'Armi.

Ses. Dona.

L'asta al Tempio, ozio al fianco, ozio alladestra.**9**

Ces. Virtù de' grandi è il perdonar l'offese:

Venga Pompeo, Cesare abbracci; e resti

L'ardor di Marte estinto:

Sia vincitor del vincitor il vinto.

この大きな天体の重荷を担うにおいて、
天はジョーヴェ**7**が、地はチェーザレが治める
との掟を定めました。

チェーザレ チェーザレに何を所望される？
スキピオ一族**8**の偉大なご子孫、気高きコルネーリアよ。

コルネーリア 戦いをおやめ下さい、

セスト お納め下さい、
槍を寺院に。お腰を休め、その右手をお休め下さい。

チェーザレ 英雄の美徳は侮辱行為を許すこと。
ポンペーオをここへ。 チェーザレを抱擁させよう。
マルテ**10**の怒りの消えることを願う。
敗者が勝利者の勝利者であらんことを。

SCENA III

Achilla Constuolo**11**d' Egizzi che portano
aurei bacili e detti.

Ach. La Reggia, Tolomeo, t'offre in albergo,

Eccelso Eroe, per tuo riposo; e in dono

Quanto può dare un tributario Trono.

Ces. Ciò che di Tolomeo

Offre l'Alma regal Cesare aggrada.

Ach. Acciò' l'Italia ad adorarti impari

In pegno d'Amistade, e di tua fede

Questa del gran Pompeo superba testa

Di base al Regal Trono offre al tuo piede.

[Uno degl' Egizzi suela**13** il bacile, sopra

il quale stà**14**il capo tronco di Pompeo.

Ces. Giulio che miri ?

Ses. Oh Dio ! che veggio ?

Cor. Ahi Lassa !

Consorte ! Mio tesoro !

Cur. Grand' ardir !

Cor. Tolomeo

Barbaro traditor ! Io manco, io moro. [Si sviene.

Ces. Curio: su porgi aita

第1幕 第3場

黄金の盆を捧げ持つエジプト人の一団を従えた
アキッラと、すでに登場の人物。

アキッラ 王宮を、トロメーオ王はお宿として、いと高き英雄よ、
ご休息のために貴殿に差し出します。さらに貢物として
属州の王国が能う限りの物を捧げます。

チェーザレ トロメーオの王たる心が
贈る貢物、チェーザレは喜んで受けよう。

アキッラ 貴殿への尊崇をイタリアが学ぶように、**12**
同盟と貴殿への忠誠の証として
偉大なるポンペーオのこの尊大なる首を、
貴殿が王座に登るための踏台として捧げます。

[エジプト人の一人が盆の布を払う。するとその上に
ポンペーオの切断された頭が載っている。

チェーザレ ジュリオよ、おお お前は何を見るのか？

セスト おお神よ！何たることか？

コルネーリア ああ 哀れ！
あなた様！私の大切な方！

クーリオ 甚だしき不遜！

コルネーリア トロメーオ、野蛮な裏切者よ！
気も失せる、ああ もうだめ。[気絶する。

チェーザレ クーリオ、早く お助けせよ、

---

7 ギリシャ神話のゼウス。

8 前202年にザマでハンニバルを破った（大）スキピオ Publius Corneliusu Scipio（前232または237〜183）を輩出した一族。

9 alla destra と分かれる。

10 ローマ神話の軍神マルスに同じ。ギリシャ神話のアレスに当たる。

11 con と stuolo に分かれる。

12 「チェーザレへの尊崇をイタリアが学ぶように」という台詞は以下の理由による。有名な話だが当時ローマでは「三頭政治」によって
チェーザレ（カエサル）はポンペーオ（ポンペイウス）、クラッソ（クラッスス）とともに三人で政治を行っていたが、クラッソの没後チェー
ザレとポンペーオは対立、国を二分する内乱が始まる。チェーザレは、エジプトに退いたポンペーオを追ってエジプトにやって来た
のだが、その勢いを恐れたトロメーオが、＜自分たちはチェーザレの味方である。そのことを内乱のイタリアがエジプトから学ぶよう
に、敵ポンペーオの首をとってチェーザレに差し出す＞と、アキッレを通しておべっかを使わせたことによる台詞である。

13 Suela とあるが、これは今の svela（svelare の直説法三人称現在）のことである。古くはラテン語由来で u と v は同じ文字として用い
られることがあった。

14 アクセント記号不要。

A Cornelia, che Langue.　　[Cesare piange.

Cur. Che scorgo ? O stelle! il mio bel sole esangue ?

Ach. (Questa è Cornelia ? O che beltà! che volto !)

Ses. Padre! Pompeo! Mia Genitrice! Oh Dio!

Ces. Per dar urna sublime

　　Al suo cenere illustre,

　　Serbato sia sì nobil Teschio.

Ach. Oh Dei!

Ces. E tu involati, parti. Al tuo Signore

　　Di, che l'opre de' Regi,

　　Sian di bene, o di mal, son sempre esempio.

Sest. Che non è Re, chiè **15** Re fellon, chi è un empio.

Ach. Cesare: frena l'ire—

Ces. Vanne: verrò alla Reggia.

　　Pria che oggi il Sole a tramontar si veggia.

　　　Empio, dirò, tu sei

　　　　Togliti a gli occhi miei,

　　　　Sei tutto crudeltà.

　　　Non è di Re quel core,

　　　　Che donasi al rigore,

　　　　Che in sen non hà **16** pietà.

　　　　　　Empio, Ecc.　[Parte.

SCENA IV

Curio, Sesto, e Cornelia, che ritorna in se.

Cur. Già torna in se. **17**

Sest. Madre ?

Cur. Cornelia ?

Cor. Oh stelle !

　　Ed ancor vivo ? ah! tolga

　　Quest' omicida Acciaro

　　Il cor, l'alma dal sen.

　　　[Vuol rapire la spada dal fianco di

　　　Sesto per isvenarsi, e Curio la frastorna.

Cur. Ferma: in van tenti

　　Tinger di Sangue in quelle nevi il ferro.

　　Curio , che ancor t'adora,

　　E sposa ti desia, se pur t'aggrada,

　　Vendicarti saprà con la sua Spada.

Cor. Sposa a te ?

コルネーリア様を。気を失われた。[チェーザレ 落涙。

クーリオ　どういうことだ？おお天よ！私の美しい太陽が死ぬ？

アキッラ　（これがコルネーリアか？　おお なんと美しい！

　　　　　　　　　　　　　　なんという顔立ち！）

セスト　父上！ ポンペーオ！ 母上！ おお 神よ！

チェーザレ　ポンペーオの気高い遺灰に

　　　　崇高な墳墓を与えるために、

　　　　この尊い首級は心して保たれるように。

アキッラ　おお どうしたことだ！

チェーザレ　お前はさっさと行け、行くのだ。そしてお前の主人に

　　　　言うのだ、王たる者の行為は、善きにつけ、悪しきにつけ、

　　　　常に範となるべきものであると。

セスト　邪な王、冷血漢に王たる資格はない。

アキッラ　チェーザレ様 お怒りを鎮められて――

チェーザレ　去れ。私は王宮に赴く、

　　　　今日 日没前に。

　　　　断言する。冷血漢だ、お前は

　　　　わが目の前から消えうせろ。

　　　　お前は残酷の権化だ。

　　　そのような心は 王の心にあらず、

　　　　冷酷に身を委ね

　　　　胸に慈悲を持たぬ心は。

　　　　　　断言する・・・　　[退場

第1幕 第4場

クーリオ、セスト、われに返ったコルネーリア

クーリオ　やっと気づかれた。

セスト　母上 ？

クーリオ　コルネーリア様？

コルネーリア　おお 運命よ！

　　　私はまだ生きているのか？　ああ！取り去ってほしい、

　　　人を殺すこの剣が

　　　心を、命を、この胸から。

　　　　[死のうとしてセストの腰から剣を抜き取ろうとする。

　　　　クーリオがそれを阻む。

クーリオ　おやめください。その純白の胸で

　　　剣を血に染めようなど、虚しいことです。

　　　クーリオは、いまだに あなた様をお慕いし、

　　　あなた様を妻にと切望しております。よろしければ

　　　その剣であなた様の仇を討ちたいものです。

コルネーリア　あなたの妻に ？

15　chi と è に分かれる。

16　アクセント記号不要。ただし、イタリア語ではhは発音しないので、古くはavereの人称変化を ho, hai, ha, hanno ではなくo, ai,
　　　a, anno と記すことがあった。そういう時にはアクセント記号をつけ、ò, ài, à, ànno と書き、同形の他の意味の単語と区別した。

17　正しくは sé となる。アクセント記号をつけないと英語の if の意味にとられかねない。

Cur. Sì.	クーリオ　さようでございます。
Cor. Ammutisci.	コルネーリア　お黙りなさい。
Sest. Tu Nemico a Pompeo, e tanto ardisci ?	セスト　お前、ポンペーオの敵がなんと大胆な？
Cur. Cornelia; se m'abborri,	クーリオ　コルネーリア様、もし私を憎まれるなら、
M'involerò al tuo Aspetto;	私はあなた様の前から身を引きます。
Sol per non molestarti,	ご迷惑をおかけしないように、この心は
Giurerà questo cor di non amarti.　　[Parte.	あなた様をお慕いしないことを誓います。　　[退場
Sest. Madre ?	セスト　母上？
Cor. Viscere mie ?	コルネーリア　わが子よ？
Sest. Or che farem tra le Cesaree Squadre	セスト　どうしたものでしょう、私たちはチェーザレの軍に
Tu senza il caro Sposo, Io senza il Padre ?	囲まれて、あなたには愛する夫もなく、私には父もなく？

Cor. 　Priva son d' ogni conforto	コルネーリア　　なんの慰めもなく
E pur speme di morire	死ぬという望みさえ
Per me misera non v' è.	私を、ああ哀れ、見捨てます。
Il mio Cor da pene assorto	この心は苦悩に襲われて
È già stanco di soffrire,	もう耐えることにも疲れ果て、
E morir si niega a me.	かといって死ぬことさえも私を拒みます。
Priva son, Ecc.　[Parte.	なんの慰めもなく・・・　[退場

Sest. Vani sono i Lamenti;	セスト　嘆いていても仕方ない。
è[18] tempo o Sesto omai	おお　セストよ、いまは
Di vendicare il Padre:	父上の仇を討つ時だ。
Si svegli alla vendetta	復讐に目覚めよ、
L'Anima neghittosa,	暴君に侮られ
Che offesa da un tiranno in van riposa.	無為に過ごす怠惰な魂よ。

Svegliatevi nel Core	心に　目覚めるのだ
Furie d' un Alma offesa	侮辱された魂の怒りよ、
A far d' un Traditor	裏切り者に
Aspra vendetta.	苛烈な復讐を加えるために。
L' Ombra del Genitore	父上の亡霊が
Accorre a mia difesa,	僕を助けに駆けつける。
E dice, a te il rigor,	そして言う、お前には、息子よ、
Figlio, si aspetta.	厳正が求められているのだ　と。
Svegliatevi, Ecc.　[Parte.	心に　目覚めるのだ・・・ [退場

SCENA V

Gabinetto

Cleopatra con seguito, poi Nireno, e dopo
Tolomeo con guardie.

第 1 幕 第5場

執務室のような小部屋

従者をつれたクレオパトラ、次いでニレーノ、やがて
護衛をつれたトロメーオが登場

Cleo. Regni Cleopatra; ed al mio seggio intorrno	クレオパトラ　クレオパトラよ、支配権を握るのだ。
	そして私の王座をとり巻いて、
Popolo Adorator Arabo e Siro	崇拝者であるアラブとシリアの国民に
Su questo crin la sacra benda adori:	私の額の聖帯を崇めさせるのだ。

---

18 この台本では詩行の頭がすべて大文字となっていることを考えると、ここも正しくは È となる。

Su; chi di voi miei fidi

Ha petto, e Cor di sollevarmi al Trono,

Giuri su questa destra eterna fede.   [Entra Nireno.

Nir. Reina ! infausti eventi.

Cle. Che fia? Che tardi?

Nir. Troncar fè Tolomeo

Il Capo.

Cleo. Ohimè!   di chi?

Nir. Del gran Pompeo.

Cle. Stelle! costui che apporta?

Nir. Per stabilirsi al soglio

A Cesare mandò fra doni involto—

Cle. Che gli mandò ?

Nir. L' esanimato volto.

Cle. Su partite o miei fidi; e tu quì resta;

Alle Cesaree Tende son risolta portarmi;

E tu Nireno mi servirai di scorta.

Nir. Che dirà Tolomeo ?

Cle. Non paventar; col guardo,

Meglio ch' egli non fece

Col Capo di Pompeo,

Cesare obligherò:

In vano aspira al Trono;

Egli è il Germano, e la Regina Io sono. [Entra Tolomeo.

Tol. Tu di regnar pretendi

Donna superba, e altera ?

Cle. Io ciò, ch' è mio contendo; e la corona

Dovuta alla mia fronte

Giustamente pretendo.

Tol. Vanne, e torna omai folle,

E qual di donna è l'uso

Di Scettro in vece a trattar l'ago, e il fuso.

Cle. Anzi tu pur effeminato Amante

Va dell'età su i primi nati albori

Di Regno in vece a coltivar gli Amori.

    Non disperar, chi sa?

      Se al Regno non l' avrai,

      Avrai sorte in Amor.

    Mirando una beltà

      In essa troverai

      A consolar il Cor.

        Non, Ecc.   [Parte con Nireno.

さあ、私に忠義な者どものうちで

私を王位につける気概と勇気のある者は、

この右手に永遠の忠誠を誓え。[ニレーノが入って来る。

ニレーノ 女王さま！　由々しき事態です。

クレオパトラ どうした？　なにを躊躇（ためら）っている？

ニレーノ トロメーオが

首を刎ねさせました。

クレオパトラ あらまあ！　誰の？

ニレーノ 偉大なるポンペーオのです。

クレオパトラ えっ！　あ奴が何を仕出かすか？

ニレーノ 王座にしがみつくために、チェーザレに

送りました、貢物の中に紛れ込ませて――

クレオパトラ 何を送ったって？

ニレーノ その討ち取った首をです

クレオパトラ みなの者、急ぎ退場しなさい。そしてニレーノはここに。

私はチェーザレの幕舎に行くことに決めた。

そしてニレーノ、お前は私を案内しなさい。

ニレーノ トロメーオは何と言われるでしょう？。

クレオパトラ 恐れることはない。私はこの眼差しで、

トロメーオがポンペーオの首をもってしても

なし得なかったことをなし、

チェーザレをつなぎとめてみせる。

トロメーオは虚しく王座を望んでいるが、

彼は弟、私が女王だ。　　[トロメーオが入って来る。

トロメーオ お前が支配権を主張するのか、

尊大で傲慢な女よ？

クレオパトラ 私は自分のものを戦い取るのだ。

この額に相当する王冠を

当然のこととして主張する。

トロメーオ 去れ、馬鹿者め。

錫杖（しゃくじょう）などとんでもない、女の習わし通りに

針と紡（つむ）を使うことにさっさと戻りやがれ。

クレオパトラ 女々しい女たらしのお前こそ、

王国なんぞとんでもない、

生まれたてほやほやの愛でも育てに行くがよい。

絶望しなくてもいいのよ、分かるものですか？

王国ではついていなくても

愛の国では運が開けるかもしれないわ。

美しい女を眺めて、

そこに見つければいいのよ

心の慰めになるものを。

絶望しなくても・・・[ニレーノと退場。

SCENA VI

Tolomeo, ed Achilla.

Ach. Sire? Signor ?[19]

Tol. Come fu il Capo tronco
　　Da Cesare gradito ?

Ach. Sdegnò l' opra.

Tol. Che sento ?

Ach. T' accusò d' inesperto, e troppo ardito.

Tol. Tant' osa un vil Romano ?

Ach. Il mio consiglio
　　Apprendi o Tolomeo:
　　Verrà Cesare in corte: in tua vendetta
　　Cada costui, come cadè Pompeo.

Tol. Chi condurrà l'impresa ?

Ach. Io ti prometto
　　Darti estinto il superbo al Regio piede,
　　Se di Pompeo la Moglie
　　In premio a me il tuo voler concede.

Tol. E' costei tanto vaga ?

Ach. Lega col crine, e col bel volto impiaga.

Tol. Amico: il tuo consiglio è la mia Stella:
　　Vanne, pensa, e poi torna.　[Parte Achilla.
　　Muora Cesare muora; e il capo altero
　　Sia del mio piè sostegno.
　　Roma oppressa da lui libera vada,
　　E fermezza al mio Regno
　　Sia la morte di lui più che la spada.

　　　L'Empio sleale indegno
　　　　Vorrà rapirmi il Regno,
　　　　E distrubar così
　　　　La pace mia.
　　　Ma perda pur la vita
　　　　Prima che in me tradita
　　　　Dall'avido suo cor
　　　　La Pace sia.

　　　　L'Empio,　Ecc.　[Parte.

第 1 幕 第6場

トロメーオとアキッラ

アキッラ　王よ、　ご主人さまよ。

トロメーオ　どうだったね、切り取った首は
　　　　チェーザレに喜ばれたかね？

アキッラ　奴はその仕業に激怒しました。

トロメーオ　何だと？

アキッラ　あなた様を非難しました。王としての資格がない、
　　　　　　甚だしき悪行だと言って。

トロメーオ　下賤なローマ人が さほどに厚顔か？

アキッラ　私の忠告を
　　　お聞きください、おお トロメーオ様。
　　　チェーザレは宮廷に参ります。あなたの復讐で
　　　彼が死ねばよいのです、ポンペーオが死んだように。

トロメーオ　その大仕事を誰が主導するのかね？

アキッラ　私がお約束します、息絶えたあの傲岸者を
　　　あなた様の尊い御足許に捧げますことを。
　　　もし あなた様が、ポンペーオの妻を
　　　褒賞として私にお与え下さるおつもりであれば。

トロメーオ　その女はそんなに美しいのか？

アキッラ　髪で捉え、美貌で心を傷つけます。

トロメーオ　友よ、君の忠告はわが希望ぞ。
　　　行け、策を練り、戻って来い。　　[アキッラ退場。
　　　死ね、チェーザレ 死ぬがよい。その傲慢な頭が
　　　わが足の踏み台となればよいのだ。
　　　抑圧されたローマは奴から解放されるがよい。
　　　奴が死ぬことは、剣の力にも増して
　　　わが王国の安泰となろう。

　　　　卑劣で恥ずべき不埒者が、
　　　　　この私から王国を奪い、
　　　　　こうして我が平穏を
　　　　　乱そうとしておる。
　　　　だが死ぬがよい、
　　　　　我が平穏が
　　　　　奴のあくどい心によって
　　　　　たばかられる前に。

　　　　卑劣で恥ずべき・・・　[退場

---

19 ここにある二つの疑問符はどういう意味であろう？　L.Bianconi 編 I libretti di Georg Frisdrich Händel e le loro fonti*1992
Olschki（以下 Bianc.と略す）を見ると、これら疑問符は削除され、Sire, Signor. と、コンマとピリオドに修正されている。前後の
内容から見て Bianc.の修正が適当と思われるため、対訳ではそれを参照し「、」と「。」にした。

SCENA VII

Quartieri nel Campo di Cesare con l' Urna
nel mezzo, ove sono le ceneri del Capo di
Pompeo[20] sopra eminente cumulo di Trofei.
Cesare poi Curio, Cleopatra e Nireno.

Ces. Alma del gran Pompeo,

Che al cener suo d'intorno

Invisibil t' aggiri,

Fur ombra i tuoi Trofei,

Ombra la tua,[21] Grandezza, e un ombra sei:

Così termina al fine il fasto umano;

Jeri[22] chi vivo occupò un Mondo in guerra

Oggi risolto in polve un Urna serra.

Tal di ciascuno, ahi lasso !

Il principio è di terra, e il fine è un sasso.

Misera vita ! Oh quanto è fral tuo stato !

Ti forma un soffio, e ti distrugge un fiato.

[Entra Curio.

Cur. Quì nobile Donzella

Chiede chinarsi al Cesare di Roma.

Ces. Sen' venga pur.

[Entra Cleopatra con seguito.

Cle. Tra stuol di Damigelle

Io servo a Cleopatra;

Lidia m' appello, e sotto il Ciel d'Egitto

Di nobil sangue nata;

Ma Tolomeo mi toglie

Barbaro usurpator la mia fortuna.

Ces. (Quanta bellezza un sol sembiante aduna !)

Tolomeo si Tiranno ?

Cur. (Se Cornelia mi sprezza,

Oggi a Lidia rivolto

Collocherò quest'alma in si bel volto.)

[Cleopatra s' inginocchia avanti Cesare,

e dice piangendo.

Cleo. Avanti al tuo cospetto; avanti Roma ;

Mesta, afflitta, e piangente

Chieggio Giustizia.

第1幕 第7場

チェーザレの陣営。うず高く積み上げられた
戦利品の上中央に骨壺があり、その中に
ポンペーオの頭蓋の遺灰が入っている。
チェーザレ、やがてクーリオ、クレオパトラ、ニレーノ。

チェーザレ 偉大なるポンペーオの魂よ

君は 目には見えず、

己の遺灰のまわりを彷徨（さまよ）っている。

君の輝かしい戦果は影となった。

その偉大さも影、君は一つの影にすぎない。

人の栄華は、最後にはこうして終わる。

昨日は戦場にて 生きて世界を制した者が、

今日は塵となって墓[23]を閉じる。

これが人の生というものだ、ああ 哀れ！

土くれに始まり、墓石に終わる。

哀れ 生よ！おお なんと儚いことか君の様は！

一陣の風に 象（かたど）られ、一吹きの吐息に消える。

[クーリオが入ってくる。

クーリオ ここに気高い女性が

ローマのチェーザレに拝謁を望んでいます。

チェーザレ どうぞ 入られよ。

[クレオパトラが従者とともに入って来る。

クレオパトラ 多くの侍女たちの中で、

私はクレオパトラに仕えております。

名は リディアと申します。エジプトの空のもと、

高貴な家柄に生まれましたが、

あの野蛮な簒奪者、トロメーオが

私から幸せを奪い取りました。

チェーザレ （なんたる美を、ただ一つの顔が

集め持っていることか！）

トロメーオはさほどに暴君なのか？

クーリオ （もしコルネーリアが俺を 蔑（さげす）むなら、

今となりゃ、リディアに乗り換えて、

この美しい顔に俺の心を預けよう。）

[クレオパトラはチェーザレの前にひざまづき、

涙ながらに言う。

クレオパトラ あなた様の面前で、ローマの前で

打ちひしがれ、悲嘆にくれて泣きながら

お裁きをお願い致します。

---

20 台本原本では、句読点のあるなしで非常に読みにくい箇所が沢山ある。Bianc.を参照し、ここにはコンマがあるものと考えて訳した。

21 このコンマは不要である。

22 現在は ieri であるが、j は「長い i (i lungo)」と呼ばれ、i と同じ音を表すために、古くはしばしば j が用いられた。たとえば i で始まって次に母音がくるときの i (ieri 昨日→jeri) や、二つの母音に挟まれた i (fornaio パン職人→fornajo)、アクセントのない –io で終わる単語の複数形 (occhio 目→occhj ／vario さまざまの→varj) などの二重母音化した i には j (J dittongato) が使われた。現在では j は人名や外国の地名・人名によく見かけるだけである。たとえば Jacopo（男子の名ヤーコポ）、Jugoslavia（ユーゴスラヴィア）、Bajazete（ヘンデルのオペラにも出てくるバヤゼット）などである。

23 原文では urna とあり、これは壺とか骨壺のことであるが、古くは棺とか墳墓、墓場のことも urna といったらしいので、ここでは「墓」という訳語を当ててみた。

<u>Ces.</u> (Oh Dio! Come innamora?[24])	チェーザレ （おお！ 何と心を奪うことか！）
[Cesare leva da Terra Cleopatra.	[チェーザレ、クレオパトラを床から立たせる。
Sfortunata donzella: in breve d'ora	不幸せな娘よ、間もなく私は
Deggio portarmi in Corte,	宮殿に行かねばならない。
Oggi cola'[25] stabilirò tua sorte.	そこで今日 あなたの運命を決めよう。
(Che bel crin ?[26])	（何と美しい髪か！）
<u>Cur.</u> (Che bel sen ?[27])	クーリオ （何と美しい胸か！）
<u>Cleo.</u> Signor: i tuoi favori	クレオパトラ あなた様、あなた様のご好意が
Legan quest'alma.	私の心を つなぎとめます。
<u>Ces.</u> E la tua chioma i Cori.	チェーザレ そしてあなたの髪が心を。

Non è si vago e bello	野に咲く花も
Il fior nel Prato.	これほど愛らしく美しくはない。
Quant' è vago e gentile	なんと可憐で優雅なことか
Il tuo bel volto,	あなたの美しい顔は。
D'un fiore il pregio a quello	一輪の花の美は、その花にだけ
Sol vien dato,	与えられたものであるが、
Ma tutto un vago Aprile	あなたの顔には
È in te raccolto.	美しい四月のすべてが集められている。
Non è, Ecc. [Parte.	野に咲く花も・・・ [退場

<u>Nir.</u> Cleopatra vincesti;	ニレーノ クレオパトラ、あなたは勝った。
Già di Cesare il Core,	愛が すでにチェーザレの心を
Tributario al tuo volto amor ti rende,	あなたの顔に注ぎ込ませています。
E tutto il suo voler da te dipende.	彼の思いは完全にあなた次第です。
<u>Cleo.</u> Cerchi pur Tolomeo	クレオパトラ トロメーオには 求めさせておけばいい、
Con empietà di cor le vie del Trono,	冷酷な心をもって王座への道を。
Che a me d' avito Regno	私には、慈悲深い愛の神が 先祖伝来の王国を
Farà il Nume d' amor benigno dono.	贈ってくれるのだから。

Tutto può donna vezzosa.	愛らしい女は何でもできる。
S' amorosa	優しさをこめて
Scioglie il labro, o gira il guardo;	唇を開き、瞳を巡らせれば。
Ogni colpo piaga il petto,	どんな一撃も胸を射る、
Se difetto	矢を射る者が
Non v' ha quel, che scocca il dardo.	完璧でさえあれば。
Tutto, Ecc.	愛らしい女は・・・
[Mentre Cleopatra vuol partire,	[クレオパトラは退場しようとして、
vien ritenuta da Nireno.	ニレーノに止められる。

<u>Nir.</u> Ferma Cleopatra; osserva	ニレーノ お待ちを、クレオパトラ。ご覧なさい、
Qual femina dolente	あの苦悩に満ちた女を。
Con grave passo, e lacrimoso ciglio	重い足どりで、目に一杯涙を溜めて
Qui s' avvicina.	近づいてきます。

---

24 ここは感嘆詞だと思われる。 Bianc.を参照し、対訳では「！」にした。

25 正しくは colà（古い言葉で「かなたで、そこで」）である。

26 Bianc.を参照し邦訳では「！」とした。

27 上記注 26 に同じ。

Cleo. Al portamento, al volto

Donna vulgar non sembra:

Osserviamo in disparte

La cagion del suo duolo.   [Si ritirano.

SCENA VIII

Cornelia e poi Sesto, che sopraviene

Cor. Nel tuo seno Amico sasso

Sta Sepolto il mio tesoro—

Ma che ! vile, e negletta

Sempre starai Cornelia ?

Cleo. (E' Cornelia costei ?

La Moglie di Pompeo ?)

Cor. Ah no ! Tra questi arnesi

Un ferro sceglierò: con mano ardita

Contro di Tolomeo contro la Reggia—

[Non si tosto Cornelia ha presa una Spada fuori

degli Arnesi di Guerra, che Sesto sopragiunge.

Ses. Madre ferma; che fai?

Cor. Lascia quest'armi;

Voglio contro il Tiranno

Uccisor del mio Sposo

Tentar la mia Vendetta.

Sest. Questa vendetta a Sesto sol s'aspetta.

[Sesto toglie la Spada a Cornelia.

Cor. O dolci accenti! O care Labra! dunque

Su l'Alba de tuoi giorni

Hai tanto cor ?

Sest. Son Sesto, e di Pompeo

Erede son dell'Alma.

Cor. Animo, O Figlio, ardire. Io coraggiosa

Ti Seguirò.

Sest. Ma ! (oh Dio !) Chi al Re Fellone

Ci Scorgerà.**28**

[Cleopatra, ch' esce improvisamente.

Cle. Cleopatra.

Nir. Non ti Scoprir.

Cle. E Lidia ancor, perchè**29** quell' empio cada.**30**

Ti saran scudo, e t'apriran la strada.

Cor. E chi ti sprona amabile donzella,

Oggi in nostro soccorso offrir te stessa ?

クレオパトラ　あの物腰、あの顔つきを見れば

並みの女ではなさそうだ。

脇に隠れて探ってみよう、

彼女の苦しみの原因を。　　[二人 身を引く。

第1幕 第8場

コルネーリア、やがてセストが突然現れる。

コルネーリア　慕わしき墓石よ、その懐に

私の愛する人が葬られている——

それなのに！ お前は卑しく、蔑まれて

生き続けるのか　コルネーリアよ？

クレオパトラ（コルネーリアですって、 あの女が？

ポンペーオの妻の？）

コルネーリア　ああ ならぬ！この武具の中から

刀を取るのだ。 勇敢なこの手で

トロメーオと、この王宮に立ち向かうのだ——

[コルネーリアが武具の中から剣を取り出そうと

するところに　突然セストが現れる。

セスト　母上いけません。何をなさるのですか？

コルネーリア　この武器をください。

私は暴君に刃向って

私の夫を殺した者に

復讐を果たすのです。

セスト　この仇討ちはセストこそがなすべきです。

[セスト、コルネリアから剣を奪う。

コルネーリア　おお 優しい言葉！ 愛しいお口！ でも

まだ若いあなたに

その勇気がありますか？

セスト　私はセストです。ポンペーオの

心を受け継ぐ者です。

コルネーリア　その気概、おお息子よ、勇敢におやりなさい。

私は勇気を出してあなたに従いましょう。

セスト　ですけれど！（おお神よ！）誰が私たちを

邪悪な王のところに無事に案内してくれるのでしょう？

[クレオパトラが突然飛び出す。

クレオパトラ　クレオパトラが。

ニレーノ　身分を明かしてはなりません。

クレオパトラ　それにリディアも、あの卑劣漢が死んでくれるように

あなたの盾となりましょう。あなたの道を切り開きましょう。

コルネーリア　どなたが、美しいお嬢様、 私どもの救済に

今日、ご自身を差し出すようにと勧められたのでしょう？

---

28 これは疑問文であると思われるため、Bianc.を参照し、ピリオドではなく疑問符とした。

29 初演台本としては珍しくperche の語尾 e にアクセント記号がつけられているが、正しくは è ではなくé(左下向きの閉口音
アクセント記号)である。この違いはいたるところに見られるが、以後注解はしない。

30 ここもピリオドではなく、Ti sarann scudo, まで続く句である。Bianc.ではここはコンマになっている。

Cle. La Fellonia d'un Re Tiranno, il giusto.

Sotto nome di Lidia,

Io servo a Cleopatra;

Se in virtù del tuo braccio ascende al Trono,

Sarai felice, e scorgerai qual sono.

Cor. Chi a noi sarà di scorta?

Cle. Questi, che alla Regina è fido servo,

Saprà cauto condurvi all' alta Impresa.

              [accennando Nireno.

Sest. Figlio non è, chi vindicar non cura

Del Genitor la morte.

Armerò questa destra, e al suol trafitto.,

Cadrà punito il gran Tiran d' Egitto.

    31Cara speme, questo core

      Tu cominci a lusingar

      Par che il Cielo presti favore

      I miei torti a vendicar.

            Cara,   Ecc.

        [Partono Cor.,sesto e Nireno.

Cleo. Vegli pure il Germano

Alla propria salvezza;

Che già contro gli mossi

Di Cesare la Spada.

Di Sesto, e di Cornelia il giusto sdegno.

Senza un certo periglio

Non creda aver solo d' Egitto il Regno.

    Tu la mia stella sei

      Amabile speranza,

      E porgi ai desir miei,

      Un grato, e bel piacer.

    Qual sia di questo core

      La stabile costanza,

      E quanto possa amore

      S' ha in breve da vedere.

        Tu la, Ecc. [Parte.

SCENA IX

Atrio nel Pelagio**32** de' Tolomei
Cesare con seguito di Romani,Tolomeo ed
Achilla con seguito d' Egizzi.

Tol. Cesare: alla tua destra

Stende fasci di scettri

Generosa la sorte.

クレオパトラ 残虐な王の卑劣な行為が、正義が。

私は リディアという名で

クレオパトラに仕えております。 もしあなたの

功績によってクレオパトラが王位につけば、

あなたは幸せになり、私が何者かもわかります。

コルネーリア どなたが私どもの案内をしてくださるのでしょう?

クレオパトラ この者です、この者は女王に忠実な僕です。

潔い仕事へと あなた方を慎重に手引きいたします。

        [ニレーノを指して。

セスト 父親の死の仇を討たぬ者は

息子でない。

この手に武器を取るのだ。貫かれて地に倒れ、

罰を受けて死ぬがよい、エジプトの暴君よ。

    親愛なる希望よ、僕の心を

    お前は喜ばせ始めている。

    天が好意を示してくれるようだ、

    僕の受けた無礼への復讐に。

      親愛なる希望よ・・・

    [コルネーリア、セスト、ニレーノ退場。

クレオパトラ 弟は寝ずの番をするがよい、

自分の身を守るために。

すでに彼に対して始動した、

チェーザレの剣が、

セストの、コルネーリアの正義の怒りが。

なんの危険もなしに、

エジプトの王国を独り占めできると思うでない。

    お前は私の星だ

      優しい希望よ。

    お前は私の望みに

      嬉しい幸せな喜びを与えてくれる。

    この心の不動の強さが

      如何なるものか、

      愛とは どんなことができるのか、

    人は間もなく知るだろう。

      お前は私の星だ・・・ [退場

第1幕 第9場

トロメーオ家の宮殿の控えの間
ローマ人の従者を従えたチェーザレ。トロメーオと
アキッラはエジプト人の従者を従えている。

トロメーオ チェーザレ殿、あなたの右手に

寛大なる運命が

笏丈(しゃくじょう)の束を広げております。

---

31 本来はここにこのアリアはない。しかしこの台本終了後に「1 幕 8 場で、セストが Cadrà・・・と語った後に同じくセストがこのアリアを
    歌う」との注記があり、この歌詞が記されている。そのため対訳ではここにこのアリアを置いてみた。

32 Palagio が正しい。

Ces. Tolomeo: a tante grazie

Io non so dir, se maggior lume apporti

Mentre l' uscio del giorno egli diserra

Il sole in Cielo, o Tolomeo quì in Terra.

Ma l**33** sappi una mal opra

Ogni gran lume oscura.

Ach. (Sino al Real aspetto egli t' offende.) [a Tolomeo

Tol. (Temerario Latin !)

Ces. (So, che m' intende.)

Tol. Alle stanze Reali

Questi, che miri, t' apriran le porte,

E a te guida saranno.

(Empio, tu pur venisti in braccio a morte.)

Ces. (Scorgo in quel volto un simulato inganno.)

Va tacito e nascosto, **34**

Quand' avido è di preda

L'astuto Cacciator.

Così chi è al mal disposto,

Non brama, ch' alcun veda

L' inganno del suo Cor.

Va, Ecc. [Parte.

SCENA X

Cornelia, Sesto, Tolomeo, ed Achilla.

Ach. Sire: con Sesto il Figlio

Questa è Cornelia.

Tol. (Oh che embianze**35**, Amore!)

Cor. Ingrato: A quel Pompeo, che al tuo gran Padre,

Il Diadema reale

Stabilì su la chioma

Tu recidesti il capo in faccia a Roma ?

Sest. Empio: ti sfido a singolar certame;

Veder farò con generosa destra

Aperto a questo Regno,

Che non sei Tolomeo, che se' un indegno.

チェーザレ　トロメーオ殿、ご厚情ではあるが

私には何とも言えない、明日という日の扉を

天の太陽が開けるとき、それが一層の輝きを、

おお トロメーオよ、この地にもたらすかどうかということは。

まあ、知られるがよかろう、一つの悪事が

いかなる偉大な光をも曇らせるということを。

アキッラ　（奴は王の顔にまで泥を塗ります。）［トロメーオに。

トロメーオ（横柄なラテン人めが！）

チェーザレ　（私の言ったことがわかったな。）

トロメーオ　ここにご覧の者どもが、

宮殿の部屋々々の扉をくまなく開け放ち、

貴殿をご案内いたします。

（畜生め、まったくお前は死の手に飛び込んで

来やがった。）

チェーザレ　（あの面に隠された 謀 は見て取った。）

聡い猟師は

獲物を得ようと狙うとき、

黙って密かに歩み寄る。

そのように悪事を働こうとする者は

心中の 謀 を

人に悟られまいとする。

聡い猟師は・・・ ［退場

第1幕 第10場

コルネーリア、セスト、トロメーオ、アキッラ

アキッラ　殿、あれが息子セストを連れた

コルネーリアです。

トロメーオ（おお なんと美しい！ 愛よ！）

コルネーリア　忘恩の徒よ、そなたの偉大な父親の額に

王冠を

しかと載せてやった あのポンペーオから、

その首を、そなたがローマの面前で刎ねたとは！ **36**

セスト　冷血漢。一対一の戦いを挑む。

堂々たる腕前で

この王国に暴露して見せる、

お前はトロメーオではない、その名に相応しからぬ

男**37**だということを。

---

33 この1の字のようなものは不用意に入ったものと思われる。Bianc.では ma の次がコンマになっている。

34 この曲にはよく知られた別稿があり、末尾に掲載した。

35 正しくは s がついて sembianze となる。

36 原文では疑問符になっているが、Bianc.では感嘆符「！」に修正されている。コルネーリアの怒りとしては「！」のほうが適切と思われるため、対訳でも「！」を付した。

37 トロメーオ（Tolomeo）とは「プトレマイオス」のイタリア語表記である。これは個人の名前ではなく，前300年代半ばから、このドラマのヒロインであるクレオパトラの死に至るまで15代続いたプトレマイオス王家歴代の王に冠された添え名である。ここでは、「歴代のトロメーオ（プトレマイオス）を名のるに相応しからぬ男だ」と言っているのである。 ここでのトロメーオはトロメーオ XIII 世（本名フィラデルフォ）のことで、XIII 世、XIV 世とも、クレオパトラも含めてトロメーオ XII 世の子と言われ、兄弟姉妹間で王位を争った。ちなみにトロメーオ XV 世はクレオパトラとチェーザレの子と言われている。

Tol. Olà? Da vigil stuol sian custoditi 　　Questi Romani arditi.	**トロメーオ** 者ども？ 監視団によって 　　監視させろ、この不敵なローマ人どもを。
Ach. Alto Signor: condona 　　Il lor cieco furor.	**アキッラ** 気高いご主人さま、二人の 　　向こう見ずの怒りに どうかご容赦を。
Tol. Per or mi basta, 　　Ch' abbia Garzon sì folle 　　Di Carcere la Reggia. 　[Alle Guardie. 　　Costei, che baldanzosa 　　Vilipese il rispetto 　　Di Maestà Regnante, 　　nel Giardin del serraglio abbia per pena 　　Il coltivar i fiori (Io per te serbo 　[Ad Achilla. 　　Questa dell' Alma tua bella Tiranna.)	**トロメーオ** 今のところは、 　　その不埒な若者は 　　屋敷牢にでも繋いでおけ。　[衛兵に。 　　あの女め、支配者たる王への、 　　礼儀もわきまえぬ 　　不遜な女は 　　後宮の庭に連れて行き、罰として、 　　花の世話でもさせておけ。(お前に　[アキッラに。 　　取っておいてやるぞ、このお前の心の美しい暴君を)
Ach. Felice me!	**アキッラ** おお 嬉しいことだ！
Tol. (Quanto costui s' inganna!) 　[Parte.	**トロメーオ** （なんと 奴め、騙されておるわ。）　[退場。

SCENA XI
Cornelia, Sesto, ed Achilla.

第1幕 第11場
コルネーリア、セスト、アキッラ

Ach. Cornelia: in quei tuoi lumi 　　Sta legato il mio cor, se all'Amor mio 　　Giri sereno il ciglio, 　　Ei[38] talami concedi, 　　Sarà la Madre in libertà col figlio.	**アキッラ** コルネーリア、 あなたの瞳に 　　この心は囚われています。 もし私の愛に 　　その清らかな瞳を巡らし、 　　結婚を許してくだされば、コルネーリアは 　　息子を持つ自由な身の母親となるのです。
Cor. Barbaro: una Romana 　　Sposa ad un vile Egizzio?	**コルネーリア** 野蛮人。ローマの女が 　　卑しいエジプト人の妻にだと？
Sest. A te Consorte? 　　Ah no; pria della morte.	**セスト** お前の妻にだと？ 　　ああ ならぬ、死んだほうがましだ。
Ach. Olà? Per regal legge omai si guidi 　　Prigionier nella Reggia. 　　Così audace Garzon.	**アキッラ** 何だと？ 王家の掟に則り、 　　囚人は屋敷牢にさっさと連行されろ、 　　こんな厚かましい若造は。
Cor. Seguirò anch' Io 　　L'Amata Prole il caro figlio mio.	**コルネーリア** 私もついて行きます 　　愛する子に、私の大切な息子に。
Ach. Tu ferma il piede, e pensa 　　Di non trovar pietade a ciò, che chiedi, 　　Se pietade al mio Amor pria non concedi.	**アキッラ** そなたは止まれ。そして考えられよ、 　　まずは私の愛に情けをかけてくれなければ、 　　そなたが何を求めても聞き入れられはしないことを、
Tu sei il cor di questo Core, 　　　Sei il mio ben non t'adirar. 　　Per Amor Io chiedo Amore, 　　　Più da te non vuò bramar.	そなたは我が心の心 　　　　そなたは我が愛する者、怒らないでくれ。 　　　愛しているから愛してほしい、 　　　そなたから、それ以上を求めはしない。
Tu sei, 　Ecc. 　[Parte.	そなたは・・・ 　[退場
Sest. Madre?	**セスト** 母上？
Cor. Mia vita?	**コルネーリア** 私の命よ？

---

[38] E と i に分かれる。E は接続詞、i は男性複数の定冠詞。

Sest. Addio—

　　[Mentre le guardie vogliono condurre via Sesto,
　　Cornelia corre a ritenerlo per un braccio.

Cor. Dove dove, inumani

　　L' anima mia guidate ?　Empi Lasciate,
　　Che al mio Core, al mio bene
　　Io porga almen gl' ultmi bacj.[39] Ahì pene!

　　　　　E il dolce mio conforto
　　　　　Ah sempre piangerò:

　　　　　Se il Fato ci tradì,
　　　　　Sereno, e lieto dì
　　　　　Mai più sperar potrò.

　　　　　⎰ Son nata, ⎱
　　　　　⎱ Son nato, ⎰ Ecc.

セスト　さようなら—

　　[見張り役がセストを連行しようとする。コルネーリアは
　　息子に駆け寄り、腕をつかんで引き止める。

コルネーリア　どこへ、どこへ、薄情者たち、
　　　連れていくのですか　私の息子を？冷酷者、
　　　せめて　私の心、私の愛する者に、
　　　最後の接吻をさせなさい。ああ　なんて辛い！

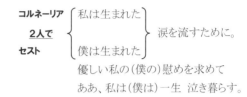

　　　　　優しい私の（僕の）慰めを求めて
　　　　　ああ、私は（僕は）一生　泣き暮らす。

　　　　　運命が私たちを欺いたのであれば
　　　　　清らかな喜びの日は
　　　　　もう決して望むべくもない。

　　　　　⎰ 私は生まれた ⎱
　　　　　⎱ 僕は生まれた ⎰ …

Fine del'[41] Atto Primo　　　　第1幕　終わり

---

39 注 **22** 参照。単数は bacio。

40 楽譜では、セストは a sospirar「嘆息するために」となっている。

41 正しくは dell' Atto Primo（l 二つ）となる。

Atto II SCENA I

Deliziosa di Cedri con il Monte Parnasso nel
Prospetto, il quale contiene in se**42**
la Reggia della Virtù.

Cleopatra e Nireno

<u>Cle.</u> E Seguisti o Niren quanto t' imposi ?

<u>Nir.</u> Adempito e**43** il comando.

<u>Cle.</u> Giunto è Cesare in corte ?

<u>Nir.</u> Io ve 'l condussi.,

Ed ei già a queste soglie il piè rivolge.

<u>Cle.</u> Ma dimmi, è in pronto

La Meditata scena ?

<u>Nir.</u> Infrà**44** le Nubi

L'altra**45** Reggia sfavilla;

Ma che far pensi ?

<u>Cle.</u> Amore

Già suggerì all'Idea

Stravagante pensier; ho già risolto,

Sotto finte apparenze

Far prigionier d' Amor, chi l'**46** cor m' ha tolto.

<u>Nir.</u> A lui ti scoprirai ?

<u>Cle.</u> Non è ancor tempo.

<u>Nir.</u> Io che far deggio ?

<u>Cle.</u> Attendi

Cesare quì in disparte, indi lo guida

In questi Alberghi, e poi lo guida ancora

Colà nelle mie stanze, e a lui dirai,

Che per dargli contezza

Di quanto dal suo Re gli si contende

Pria che tramonti 'l sol, Lidia l' attende.

[Parte Cleopatra.

SCENA II

Nireno, e poi Cesare

<u>Nir.</u> Da Cleopatra apprenda

Chi è seguace d' amor l' astuzie e frodi.

<u>Ces.</u> Dov' è, Niren, dov' è l' anima mia ?

<u>Nir.</u> In questo loco in breve

Verrà Lidia Signor.

第2幕　第1場

シトロンの木々の茂る美しい庭園。その背景に
パルナッソス山が見える。パルナッソス山は
それ自体の中に徳の宮殿を備えている。

クレオパトラ と ニレーノ

クレオパトラ 命じておいたことはやったの？

ニレーノ ご命令は果たされております。

クレオパトラ チェーザレは王宮に来たの？

ニレーノ 私がお連れしました。

すでにこちらの入口に向かっておられます。

クレオパトラ ねえ、計画を練ったシーンは

ちゃんと出来ているのかしら？

ニレーノ 雲間に

崇高な宮殿が輝いています。

で、何をなさるおつもりですか？

クレオパトラ 愛が

素敵な考えを

思いつかせたの。もう決めたのよ、

身を偽って

愛の虜にするんだわ、私の心を捉えた人を。

ニレーノ 彼に本当の姿を現しては？

クレオパトラ まだその時ではないわ。

ニレーノ 私は何をしたらよろしいでしょう？

クレオパトラ 待っていて、

あの脇のところで チェーザレを。それから彼を
この屋敷に案内して、そして向こうの私の居間に
連れて来てちょうだい。 そして彼には言うのですよ、
彼女の王が あなた様に企んでいることについて、
詳しい情報を自ら お知らせするために、日没前に
リディアがあなた様をお待ちしていますって。

[クレオパトラ退場。

第2幕 第2場

ニレーノ と チェーザレ

ニレーノ 愛の信奉者である方は

手管を クレオパトラから学ばれることですね。

チェーザレ どこだ ニレーノ、どこだ 私の命の人は？

ニレーノ 間もなく ここに

リディアが来ます、あなた様

---

42 ここも「それ自体」ということなので、正しくは 閉口音アクセント付きの in sé となる。。

43 essere なので正しくはアクセント付の è となる。そうしないと英語でいう if の意味になってしまう。

44 アクセント記号いらない。

45 L'altra Reggia なら、クレオパトラの住む現実の王宮とは「別の」、舞台として用意された「徳の宮殿」と考えることもできる。しかし Bianc.では L'altra が L'alta（崇高な／立派な）に修正されている。対訳ではそれを参照し、「崇高な宮殿」とした。

46 このアポストロフィは逆。che 'l（il の i の略）が正しい。

Ces. Taci.

Nir. Che fia ?

[Qui s' ode vaga Sinfonia di varj[47] stromenti.

Ces. Cieli ! e qual delle sfere

Scende armonico suon, che mi rapisce ?

Nir. Avrà di selce il cor, chi non languisce.

[Quì s'apre il Parnaso, e vedesi in Trono

la virtù assistita dalle nove Muse.

Ces. Giulio che miri ? e quando

Con abisso di luce

Scesero i Numi in Terra ?

Cle.   V' adoro pupille

Saette d' Amore,

Le vostre faville

Son grate nel Sen.

Pietose vi brama

Il mesto mio Core,

Che ogn' ora vi chiama

L' Amato suo ben.

Ces. Non ha in Cielo il Tonante

Melodia, che pareggi un sì bel canto.

Cle. V' adoro[48], Ecc.

Ces. Vola vola mio cor al dolce incanto.

[Mentre Cesare corre a Cleopatra, si chiude

il Parnaso, e torna la Scena come prima.

Ces. E come ?

Ah ! che del mio gioir invido è il Nume !

Nir. Signor: udisti, e che ti par di Lidia ?

Ces. Virtù cotanta

Lidia possiede ?

Ah ! che se già piangente

Mi saettò tra le armi, io ben m' avveggio,

Che bellezza sì vaga,

Cantando lega, e lagrimando impiaga.

Nir. Signor: s' amor t'accese,

Non t'affligger no no; Lidia è cortese:

Anzi se non t' è grave, ella t' attende

Nelle sue Stanze or or.

Ces. Lidia mi brama ?

チェーザレ しっ。

ニレーノ どうされました？

[ここで種々の楽器による魅力的な音楽が聞こえてくる。

チェーザレ なんと！まるで天空から妙なる響きが

降り注ぐようだ。それがこの心を捉えるのか？

ニレーノ 思い焦がれない者は、石の心を持つ者です。

[ここでパルナッソ山が開き、9人のミューズを

侍(はべ)らせた徳が、王座に座っているのが見える。

チェーザレ ジュリオよ、なんだこれは？

渦まく光の中を

神々が地上に降り立ったのか？

クレオパトラ お前たちに憧れる、双の瞳よ。

愛の二つの槍よ、

その輝きは

私の胸の喜び。

淋しい私の心は

情けあれと お前たちに願う。

我が心の愛しい者よ と

絶えず呼びかけて。

チェーザレ 天上のゼウスでさえ、これほどの

美しい歌に比べうる調べを持ってはいまい。

クレオパトラ お前たちに憧れる・・・

チェーザレ 飛んで行け わが心よ、あの甘い魅惑へと。

[チェーザレがクレオパトラのもとに駆けて行こうと

するとパルナッソの山が閉じて、もとの情景に戻る。

チェーザレ どうしたことだ？

ああ！神が 私の喜びを妬んでいるのだ！

ニレーノ あなた様 お聞きになりまして、

リディアをどうお思いですか？

チェーザレ これほどの徳を

リディアは備えておるのか？

ああ！ 先には涙して、我が心に

武器の中でも矢で射かけたが、ああ よく分かった、

目もくらむばかりのその美が、

歌って我が身を捉え、嘆きで我が心を傷つけるのだ。

ニレーノ あなた様、もし愛が あな様に火をつけたなら、

どうかお悩みにならず、どうか どうか

リディアは素晴らしい女性です。

あなた様さえ およろしければ、リディアがあなた様を

お待ちしております、丁度いま 彼女の部屋で。

チェーザレ リディアが私を待っている？

---

47 注 **22** 参照。

48 アポストロフィをつけて V' adoro となる。チェーザレの２行のレチタティーヴォを挟んで、ここでクレオパトラのアリアがダ・カーポする形に
なっている。

Nir. Ed ella a Cleopatra

    Anche tì scorterà.

Ces. Guidami tosto

    In seno al mio tesoro,

    Acciò che dolce renda il mio Martoro.

    Se in fiorito ameno prato

      L' augellin tra fiori, e fronde

      Si nasconde,

      Fa più grato

      Il suo cantar.

    Se così Lidia vezzosa

      Spiega ancor note canore,

      Più graziosa

      Fa ogni core

      Innamorar.

      Se in,   Ecc.   [Parte con Nireno.

ニレーノ　そして リディアが クレオパトラのもとへ

    あなた様をお連れもいたします。

チェーザレ　すぐに案内してくれ、

    わが愛する人の胸へ。

    この苦しみが和らぐように。

    花咲く美しい野で

      小鳥が花々や枝葉の陰に

      隠れていると、

      その囀る声は

      いっそう 心地よく聞こえる。

    麗しのリディアもまた そのように

      妙なる調べを歌うなら

      その声はいっそう麗しく、

      いかなる心にも

      恋慕の情を抱かせる。

      花咲く美しい野で・・・[ニレーノとともに退場。

SCENA III

Giardino del Serraglio,
dove corrisponde quello delle fiere
Cornelia con picciola Zappa nelle mani
che vien coltivando fiori, e poi Achilla.

第2幕 第3場

ハーレムの庭。
その庭は猛獣の檻につながっている。
コルネーリアが小さな鍬を手に持って
花の手入れをしている。そこへアキッラ登場。

Cor. Deh piangete o mesti lumi,

    Già per voi non v' è più speme.

Ach. Bella non lachrimare[49],

    Cangerà il tuo destin le crude tempre.

Cor. Chi nacque a sospirar, piange per sempre.

Ach. Un consenso Amoroso,

    Che tu presti ad Achilla

    Può sottrarti al rigor di Servitù.

Cor. Olà ? così non mi parlar mai più.

          [Vuol partire.

Ach. Oh Dio ! ascolta, ove vai ?

Cor. Fuggo da te per non mirarti mai.

コルネーリア　ああ、両の目よ 泣くがよい。

    お前には もう なんの望みもないのだよ。

アキッラ　美しい人よ、涙するでない。

    そなたの運命が、その冷たい頑なさを変えてくれる。

コルネーリア　嘆くために生れた者は、永遠に泣き暮らすのです。

アキッラ　そなたがアキッラに

    愛を承知してくれるなら、それが そなたを

    辛い奴隷の身から救ってくれる。

コルネーリア　なんですって？ もう金輪際そんなことを

    私に言わないでください。　　　　[退場しようとする。

アキッラ　おお 聞いてくれ。どこへ行かれる？

コルネーリア　あなたから逃げるのです。

    もう決してあなたに会わないために。

SCENA IV

Mentre Cornelia fugge, incontra Tolomeo,
che la prende per la mano.

第2幕 第4場

コルネーリア、逃げようとしてトロメーオに出会う。
トロメーオ、彼女の手を取る。

Tol. Bella; placa lo sdegno.

Cor. Lasciami iniquo Re.

Ach. Sire. quà mi portai,

    Per Amollir questa crudel, che adoro.

トロメーオ　美しい奥方よ、怒りを静めるがよい。

コルネーリア　放して下さい、非道な王。

アキッラ　ご主人さま、私はここに来たのです、

    この愛する冷たい女をなだめるために。

---

49 正しくは h を取って lacrimare（泣く、涙を流す）。英語の lachrymal, lachrymose などとの混用かと思われれて興味深い。

Tol. Fu pietosa a tuoi detti ?

Ach. Ella mi sprezza ogn'or, ed io mi moro.

Tol. (Respiro oh Ciel !) Bella: lo sdegno ammorza.

 Amico e ben ?   [Tira da parte Achilla.

Ach. Signor: oggi vedrai

 Cesare estinto al suolo

 Re vendicato, e Regnator tu solo.

Tol. Parti, eseguisci, e spera: avrai 'n mercede

 La tua crudel, (folle è costui se l' crede,)

Ach. a Cornel.

  Se a me non sei crudele,

   Ogn' or sarà fedele

   A te questo mio Cor.

  Ma se spietata sempre,

   Ver me non cangi tempre,

   Attendi sol rigor.

    Se a me, Ecc. [Parte.

Tol. Bella: cotanto abborri

 Chi ti prega d'amar ?

Cor. Un Traditore

 Degno non è d'amor.

Tol. Tanto rigore ?

 Ma se un Re ti bramasse ?

Cor. Sarei una Furia in agitargli il Core.

Tol. Possibil che in quel volto

 Non Alberghi pietà; che in questo seno—

   [Stende la destra al Seno di Cornelia

   Che sdegnosa si ritira.

Corn. Freni l' anima insana

 Lo stimolo del senso,

 Pensa, che son Cornelia, e son Romana. [Parte.

Tol. Tanto ritrosa a un Re ? perfida donna.

 Forza userò, se non han luogo i prieghi;

 E involarti saprò ciò, che or mi nieghi.

   Sì spietata il tuo rigore

    Sveglia l'odio in questo sen

    Giacché sprezzi questo Core,

    Prova infida il mio velen.

     Sì spietata, Ecc.

SCENA V

Cornelia, che rientra, e poi Sesto

Corn. Su, che si tarda ? or' che partì 'l lascivo

 Un generoso ardir l'onor mi salvi

トロメーオ 彼女はお前の言葉に情けをかけてくれたかね？

アキッラ この女はいつも私を侮辱して、私はもう死にそうです。

トロメーオ （おお ほっとした！）美しい奥方よ、怒りを静められよ。
 で、お前 どうなっておる？ [アキッラを脇に引っ張る。

アキッラ ご主人さま、今日 ご覧になれますよ、
 チェーザレが死んで地に倒れるのを。
 復讐なった王よ、あなたは唯一の支配者です。

トロメーオ 行け、計画を実行せよ。褒賞として期待するがよい、
 お前の冷たい女を。(これを信じるなら、こ奴は馬鹿だ。)

アキッラがコルネーリアに

 そなたが私に残酷でないならば、
  私のこの心は いつだって
  そなたに忠実だ。
 だが そなたがいつも冷淡で、
  私にその気性を変えぬなら、
  厳しさだけを待つがよい。
   そなたが私に・・・ [退場

トロメーオ 美しい奥方よ、そんなに嫌悪されるか？
 そなたに愛を乞い願う者を？

コルネーリア 裏切り者には
 愛を語る資格はありません。

トロメーオ そんなに厳しいか？ しかし
 王たるものが そなたを熱く求めたら？

コルネーリア 復讐の女神となってその心を掻きむしってやります。

トロメーオ なるほど その顔には
 情けは宿っておらぬわな。しかしその胸には—
  [コルネーリアの胸に右手を伸ばす。
   コルネーリア、嫌悪の情をもって身を引く。

コルネーリア お止めください、淫らな人、
 その情欲の衝動を。お考えください、
 私はコルネーリア、ローマの女です。 [退場

トロメーオ 王に対してさほどに頑なか？ 性悪女めが。
 願って駄目なら 力ずくだ。そうなれば
 いま予に拒絶するものをお前から奪い取ってみせる。

  冷酷な女よ、お前の頑なさが
   この胸に憎しみを目覚めさせる。
  予の心を 蔑(さげす)むからには
   性悪女よ、予の毒を食らえ。
   冷酷な女よ・・・ [退場[50]

第2幕 第5場

コルネーリア再び登場。やがてセスト

コルネーリア さあ 何を躊躇(ためら)う？ 淫らな男が去ったいま、
 大きな勇気に私の名誉を救ってもらおう。

---

[50] 原語テキストに[Parte.の記載はないが、トロメーオが退場する場面なので、訳文には[退場 と加えた。

Tra le fauci de' mostri	怪物たちの口の中に
Mi scaglierò da queste eccelse mura,	この高い壁を乗りこえて飛び込んで
Cibo farò di fiere;	猛獣の餌食になるのだ。
Non paventa il morir un alma forte:	強靭な心は死ぬことを恐れない。
Addio Roma, addio Sesto; io corro a morte.	さようならローマ、さようならセスト、私は死にます。

Sest. Ferma, che fai ?   セスト　おやめください、何をなさいますか？

Cor. Chi mi trattiene il passo ?   コルネーリア　私の足を止めるのは誰？

Sest. Madre ?   セスト　母上？

Cor. Madre ! Che veggio?   コルネーリア　母上ですって？　まあ　なんでしょう？
Figlio, Sesto, mio core !   息子よ、セストよ、私の心！
Come quì ne venisti ?   どうやってここに来られたのですか？

Sest. Io per sottrarti al Regnator lascivo,   セスト　母上を淫らな王から救うために、
Di Niren con la scorta   ニレーノに案内されて
Quivi occulto mi trassi.   密かにここに来ました。

Cor. Troppo è certo il periglio,   コルネーリア　息子よ、ほんとうに危険です
In cui figlio t' esponi.   ここに あなたがいることは。

Sest. Chi alla vendetta aspira,   セスト　復讐を願う者は
Vita non cura o Madre.   命を惜しみません、おお　母上。
Si cadrà Sesto, o caderà il Tiranno.   セストが死ぬか　暴君が死ぬかです。

SCENA VI
Nireno, e detti

第2幕 第6場
ニレーノとすでに登場の人物。

Nir. Cornelia: infauste nove. Il Re m'impone   ニレーノ　コルネーリア様　厄介な知らせです。
Che tra le sue dilette   王が私に命じました、あなた様を
Io ti conduca.   王の愛妾たちの中に連れて来るようにと。

Cor. Oh Dio !   コルネーリア　まあ！

Sest. Numi ! Che sento ?   セスト　おお！何ということを聞くのか？

Nir. Non vi turbate no; unqua sospetto   ニレーノ　でも　ご心配なく。私は これまでトロメーオに
A Tolomeno non fui; ambi verrete   疑われたことはありません。お二人とも
Là, dove il Re tiranno   いらしてください、暴君の王が
è in preda alla lascivie: 好色に耽っている あの場所へ。
Colà Sesto nascoso   そこでセストが密かに、
In suo potere avrà l' alta vendetta;   ご自分の力で正義の復讐を遂げるのです。
Egli solo, ed inerme   トロメーオは一人で、無防備ですから、
Far non potrà difesa.   身を守ることができません。

Sest. Molto, molto ti devo.   セスト　本当に、本当にあなたのお陰です。

Cor. Assista il Cielo una sì giusta impresa.   コルネーリア　天が助けてくれますように、この正義の企てを。

Cessa omai di sospirare	苦悩は ようやく終わる。
Non è sempre irato il Cielo,	天はいつまでも不機嫌でいるわけがない。
Contro i miseri suol fare	たとえ遅くても人の不幸への復讐を
Benchè tardo la vendetta.	天は果たしてくれるものだ。
Il Nochier, s' irato è il Mare,	船頭は、海が荒れても
Mai non perde la speranza,	決して希望を捨てはしない。
Onde avvien, che la costanza	だから その不動の信念が
La salute a lui promette.	彼に無事を約束してくれるのだ。
Cessa, Ecc. [Parte.	苦悩は ようやく終わる・・・　［退場

Sest. Figlio non è, chi vendicar non cura	セスト　父親の殺害に復讐せぬ者は
Del Genitor lo scempio.	息子ではない、
Su dunque alla vendetta	それならば仇を討つために
Ti prepara alma forte,	お前は強固な心を備えるのだ。
E prima di morir, altrui dà morte.	そして自分が死ぬ前に相手を殺す。

L' Angue offeso mai non posa,	襲われた蛇は　決して休まない、
Se il veleno pria non spande	襲った者の血の中に
Dentro il sangue all'offensor.	毒を注ぎ込むまでは。
Così l'alma mia non osa	そのように　私の魂も
Di mostrarsi altera e grande	己惚れて勝ち誇った真似はすまい、
Se non svelle l'empio cor.	あの残忍な心を根絶しにするまでは。
L' Angue,　Ecc.　[Parte.	襲われた蛇は・・・[退場

SCENA VII

Luogo di delizie.

Cleopatra e poi Cesare.

第2幕 第7場

美しい庭園

クレオパトラ、やがて　チェーザレ登場。

Cle. Esser quì deve in breve	クレオパトラ　間もなくここに来る、
L'idolo del mio sen Cesare amato,	私の胸の憧れの人が、愛するチェーザレが。
Ei sa, che quì l'attende	彼は、彼のリディアが、彼を愛しているリディアが、
Lidia sua, che l'adora;	ここで自分を待っていることを知っている。
Per discoprir, se porta il sen piagato,	彼が胸に愛の矢傷を負っているかどうかを知るために、
Fingerò di dormir, porterò meco,	眠った振りをしていよう。眠りの中に隠された
Mascherato nel sonno, amor, ch'è cieco.	盲目の愛を抱いて。
[Si pone a sedere.	[椅子に横たわる。

Venere bella	麗しのヴィーナスよ、
Per un istante	ほんの一瞬
Deh ! mi concedi	お願いです！　私にお授け下さい、
Le grazie tutte	愛の神の
Del dio d'amor.	すべての優美を。
Tu ben prevedi,	あなたは　もうちゃんとご存知です
Che il mio sembiante	私の顔立ちが
Dee fare amante	王たる者の心を
Un Regio cor.	恋の虜にするに違いないことを。
Venere,　Ecc. [Finge di dormire.	麗しの・・・[眠ったふりをする。

Ces. Che veggio o Numi ! il mio bel sol quì dorme !	チェーザレ　おお神よ、なんと！　私の愛する人が
	一人でここに眠っていようとは！
Vaga Lidia adorata;	愛する美しいリディアよ。
Ah ! se di tanto incendio	ああ！　もしこの胸に燃えたぎる
Che mi bolle nel seno	沢山の炎の　いくつかの火花が
Ti penetrasse al cor qualche scintilla,	あなたの胸に入り込むことができれば、
Ben potresti sperar dalla tua sorte	あなたは望むこともできようものを、いつの日か
D'essermi forse un dì sposa e Consorte.	運命により、私の妻に、連れ合いになることを。
Cle. Sposa ? t'adorerò fino alla morte.	クレオパトラ　妻に？　死ぬまで愛しますわ。
[Sorgendo.	[起き上がりながら。
Ces. Olà !	チェーザレ　おお！

Cle. Che, ti conturbi ?

Ces. Una donzella

Serva di Cleopatra a tanto aspira ?

Cle. Cesare, frena l'ire:

Giacchè desta m'abborri,

Perchè m' abbi ad amar, torno a dormire.

[Va per tornar al suo luogo.

SCENA VIII
Curio con spada impugnata, e detti

Cur. Cesare, sei tradito.

Ces. Io tradito ?

Cle. Che sento ?

Cur. Mentr' Io ver le tue stanze

Signor t'attendo, odo di genti e Spade

Ripercosso fragor; ed una voce

Gridar: Cesare mora; ed improviso

A te ne volo ad arrecar l'avviso.

Ces. Così dunque in Egitto

Regna la fellonia ? Bella rimanti;

Sono infausti per noi cotesti lidi.

Cle. Fermati, non partir, che tu m'uccidi.

Ces. Lascia Lidia—

Cle. Che Lidia ?

Io volerò al conflitto; in tua difesa

Sino a gli stessi abissi

Scenderia Cleopatra, (Oimè che dissi ?)

Ces. Cleopatra ?

Cle. Si.

Ces. Dov'è ?

Cle. Cesare volgi

In questo seno, e non altrove il lampo

Di quegl' occhj, che adoro:

Son Cleopatra, e non più Lidia in campo.

Ces. Sei Cleopatra ?

Cle. In breve

De' congiurati il temerario ardire

Questo aspetto regal farà, che cada;

Torna al fianco Signor quella tua spada. [Cle. Parte.

Ces. Curio; a si strani eventi

Resto immobile sasso.

Cur. Stupido son.

Ces. Che udisti mai cor mio ?

Lidia è Cleopatra ? e la spregiasti ? Oh Dio !

[Cleopatra, frettolosa ritorna.

Cle. Fuggi, Cesare fuggi.

Dalle Regali stanze a questa fonte

Volano i congiurati.

クレオパトラ どうされました、戸惑いなさって？

チェーザレ 若い娘が、

クレオパトラの召使いが、大それた高望みをするとは？

クレオパトラ チェーザレ様、お怒りを抑えられて。

覚めている私がお嫌いなら、

愛していただくために、また眠りに戻りましょう。

[自分の持ち場に戻ろうとする。

第2幕 第8場
剣を握りしめたクーリオ と すでに登場の人物。

クーリオ チェーザレ様 あなたは謀（はか）られました。

チェーザレ 私が謀られた？

クレオパトラ 何としたこと？

クーリオ 私がお部屋の近くで あなた様を

お待ちしていますと、館に反響する

人と剣のざわめきが聞こえまして、誰かが

叫びました、チェーザレよ死ね と。ですから私は

馳せ参じました、その情報をお届けするために。

チェーザレ エジプトでは さほどに謀反が

はびこっているのか？ 美しい人、あなたはここに。

我々には危ない、この国は。

クレオパトラ 待って、行かないで。それは私を殺すことです。

チェーザレ 放してくれ リディア——

クレオパトラ リディアって ？

私は争いに立ち向かいます。あなたを守って

地獄の底までも降りて行きます

クレオパトラは。（あら、何を言ってしまったのかしら？）

チェーザレ クレオパトラ？

クレオパトラ そうです。

チェーザレ どこに？

クレオパトラ チェーザレ様 お向けください

敬愛するそのお目の光を

他でもなく、私の胸の内に。

私はクレオパトラ、もう田園のリディアではありません。

チェーザレ あなたが クレオパトラ？

クレオパトラ 間もなく

謀反人どもの こしゃくな思い上がりを、

王家のこの私の一瞥（いちべつ）が打ち破ってみせます。

あなた様、その剣を腰にお戻し下さい。[クレオパトラ退場。

チェーザレ クーリオよ、この晴天の霹靂に

私は石となって動けぬほどだ。

クーリオ 私も呆然としております。

チェーザレ わが心よ、お前は何を耳にしたのか？

リディアがクレオパトラ？ ではお前は彼女を侮った

というわけか？おお 何としようぞ！

[クレオパトラが慌てて戻ってくる。

クレオパトラ 逃げて、チェーザレ、逃げてください。

宮殿の部屋々々からこの庭の泉に向かって

謀反人どもが馳せてきます。

Ces. Come; Ne men Cleopatra

Valse a frenar sì perfido ardimento ?

Cle. La porpora reale

Scudo non è bastante al tradimento.

Ces. Vengano pure: ho core.

Cesar non seppe mai, che sia timore.

Cle.. Oh Dio ! tu il cor mi struggi,

Salvati o mio bel sol, Cesare fuggi.

Ces. Col lampo dell'armi

Quest' alma guerriera

Vendetta farà.

Non sia che disarmi

La destra guerriera

Chi forza le dà.

Col lampo, Ecc.   [Parte con Curio.

Mora Cesare, mora. [Voci di congiurati di dentro

Cle. Che sento ? Oh Dio !

Morrà Cleopatra ancora.

Anima vil che parli mai ? Deh taci,

Avrò per vendicarmi

In bellicosa parte

Di Bellona in sembianza un cor di Marte.

In tanto O Nuni, voi che il ciel reggete,

Difendete il mio bene,

Ch'egli è del seno mio conforto, e spene.

Se pietà di me non senti

Giusto ciel io morirò.

Tu dà pace a miei tormenti

O quest'alma spirerò.

Se pietà,   Ecc.   [Parte.

SCENA IX

Camera nel Serraglio
Tolomeo circondato dalle sue favorite,
e Cornelia fra loro, e poi Sesto

Tol. Questo è luogo di pace,

Onde il ferro depongo.

Pone la spada sopra una tavola.

Che inutile ornamento

Ora è questo in amor fero stromento.

Cor. Numi ! Che fia di me ?

Tol. Ma ! Qùi Cornelia:

Questo candido lin tu prendi in segno

チェーザレ　なに？　クレオパトラにして

抑えるには役立たぬほどの謀反の騒ぎか？

クレオパトラ　皇位の座にある者とて

あの謀反の盾となるには不足です。

チェーザレ　来るならきてみろ。胆は座っている。

恐れとは何か、チェーザレは知った ためしがない。

クレオパトラ　ああ！あなたは私の心を苦しめなさる。

身を守って下さい、おお私の太陽、チェーザレ、逃げて。

チェーザレ　　戦うこの心は

武器を煌めかせて

恨みを晴らす。

この手に力を与える者ならば

戦うこの右手から

武器をとり上げはしない。

戦うこの・・・ [クーリオとともに退場。

死ね チェーザレよ、死ね。　 [幕の陰から暴徒の声。

クレオパトラ　なにを耳にするの？　ああ 神よ！

クレオパトラも死のう。

意気地なし、一体何を言うのか？ 口を慎むのだ。

自分の仇を討つために、

戦闘の場に降り立ち、

顔はベッローナ[51]、心はマルテ[52]となるのだ。

ともあれ おお神々よ、天を総べ給う方々よ

私の愛する人をお守りください。

あの方は私の心の慰め、希望なのですから。

私を哀れに思ってくださらなければ、

正義の天よ、私は死にます。

私の苦悩に安らぎをお与え下さい。

さもないと私は命を絶つでしょう。

私を哀れに・・・　 　[退場

第2幕 第9場

ハーレムの部屋
愛妾たちに囲まれているトロメーオ。
コルネーリアがその中にいる。やがてセスト登場。

トロメーオ　ここは平和の国だ。

それゆえ刀をはずそう。

[そばにあったテーブルの上に刀を置く。

これは無用の飾りもの、

いまこれは、愛においては危険な代ものだ。

コルネーリア　ああ！ 私はどうなるのだろう？

トロメーオ　おお！ コルネーリアよ これへ。

この純白の麻のハンカチを、そなた 受け取ってくれ、

---

51 ローマ神話の戦いの女神。ギリシャ神話のアレスの仲間。アレスはローマ神話のマルス（注 10）に同じ。

52 ローマ神話の戦いの男神。ここでは、顔は女（ベッローナ）だが、心は男のマルスになろうという意味であろう。

Secondo il mio costume,

Di colei che destino

Al Regio letto, alle notturne piume.

    [Cornelia prenda il fazzoletto e poi lo getta

                con sdegno. Entra Sesto.

<u>Sest.</u> Ora è il tempo o mia destra: il proprio ferro,

Che uccise il Genitor, l' empio trafigga.

    [Mentre Sesto vuol prendere la Spada

      di Tolomeo vien sorpreso da Achilla,

      che entra in furia, e la prende.

SCENA X
Achilla e detti

<u>Ach.</u> Sire prendi.

<u>Tol.</u> Che fia ?

<u>Sest.</u> (Stelle crudeli !)

<u>Ach.</u> Arma la man, che non è tempo, O Sire,

Di star fra vezzi in amorosa parte;

Queste Veneri lascia, e vieni a Marte.

<u>Tol.</u> Qual nemica fortuna ?

<u>Ach.</u> Mentre Io cerco di Cesare la strage

S'avventa egli fra i nostri,

Ma il numero di molti

Alla virtù d' un solo al fin prevale:

Fugge con Curio, e da balcon sublime

Si scaliga[53] d'improviso in mezzo il porto,

Ed io miro in un punto

Curio sommerso, e Cesare già morto.

<u>Corn.</u> (Cesare morto ?)

<u>Sest.</u> (Oh Numi !)

<u>Ach.</u> Or Cleopatra

Vola al campo Romano,

E delle trombe ai bellicosi carmi,

Di Cesare in vendetta,

Corre co' suoi contro il tuo campo all'armi.

<u>Tol.</u> D'una Femina imbelle

Non pavento i furori.

<u>Ach.</u> A te sol resta,

Che in premio di tant'opra

In Isposa costei tu mi conceda.

<u>Tol.</u> Temerario. Beltà che non ha pari

D'un tradimento in guiderdon pretendi ?

<u>Ach.</u> Sire—

<u>Tol.</u> Ammutisci, e parti;

Son Re, saprò premiarti.

予の習わしとしてだな、

王の褥(しとね)、夜の寝床へと

予が定める女の徴(しるし)として。

    [コルネーリアはそのハンカチをとり、怒りをこめて

             投げ捨てる。セスト登場。

セスト　時は来た、おお 我が右手よ。父を殺したその剣が、

無慈悲者を成敗してくれよう。

    [セストがトロメーオの刀を取ろうとしていると、

      急ぎ登場したアキッラに不意をつかれ、

      アキッラがその剣を奪ってしまう。

第2幕 第10場
アキッラ と すでに登場の人物。

アキッラ　王よ　お取り下さい。

トロメーオ　何ごとか？

セスト　（酷い運命の奴め！）

アキッラ　お手に武器を。おお 王よ、

色恋に耽っている時ではありません。

女たちを捨てて、戦いにお臨み下さい。

トロメーオ　なんと くそ意地悪い運命か？

アキッラ　チェーザレを殺害しようと構えていますと、

そこに奴が飛び込んで来ました。

しかし 数の多さは

所詮ただ一人の力には 勝ります。

彼はクーリオとともに逃走し、高い露台から

突然 港の中に身を投げました。

その時 私は見たのです、

クーリオが水没し、チェーザレがすでに死んだのを。

コルネーリア　（チェーザレが死んだ?)

セスト　（おお 何ということだ！）

アキッラ　いまや クレオパトラは

ローマの陣営に走り、

軍楽喇叭(らっぱ)を合図に

チェーザレの仇を討つべく、部下とともに

あなたの陣に戦闘開始とばかり、猛進しております。

トロメーオ　か弱い女の怒りなど

恐れはしない。

アキッラ　ただし あなた様には

多くの功労の報償として あの女を

私の妻としてお与え下さることが残っております。

トロメーオ　厚かましい奴め。比類なき美女を、

裏切り[54]の報償にと言い張るか？

アキッラ　王 ──

トロメーオ　黙れ、去れ。

予は王である。お前ごときを褒賞するのは知れたこと。

---

53 正しくは scaglia だが、底本の表記 scaliga に従って掲載した。

54 この「裏切り」と言う言葉は、反乱という不測の事態を引き起こしたことへの怒りの言葉でもあろうか。

Ach. Il mio servir questa mercè riceve ?

Tol. Olà ?

Ach. (A chi Fede non ha, Fe non si deve.) [parte.

Tol. Ciascuna si ritiri,

Dopo breve soggiorno

Vittorioso fra voi farò ritorno.

[Parte con le favorite.

SCENA XI
Sesto,e Cornelia

Sest. Ecco in tutto perduta

La speme di vendetta:

Ferro inerme ti vedo,

Io per non più soffrir, morte a te chiedo.

[Tira la Spada per uccidersi.

Corn. Ferma: che fai ? se perverso il destino

Fè vano il colpo, in van disperi o Sesto.

Sest. Or che Cesare è estinto

Che più sperar possiamo ?

Corn. Animo, ardire:

Niren già t' apre il passo; al campo vanne,

Colà tu rivedrai l'empio Tiranno.

E a lui fa poi mirar con alma forte,

Che incontrar sai, non paventar la Morte. [Parte

Sest. Seguirò tanto con ignoto passo

Ogn'orma del Tiranno,

Finchè nel suo periglio

Farò che cada esangue

Del Padre l' uccisor per man del Figlio.

L'Aura che spira

Tiranno e fiero

Egli non merta di respirar.

Mi sveglia all'ira

Quel cor severo

Sua morte solo mi può placar.

L'Aura,   Ecc.

Fine del'[55]Atto Secondo.

アキッラ　私の働きが　こんな報いを受けるのですか？

トロメーオ　何だと？

アキッラ（約束を守らぬ者に忠誠を尽くす値なし。）　　　［退場

トロメーオ　女たち、さがるがよい。

しばしの休憩の後に

勝ちて再び　そなたらのもとに戻ってこよう。

［トロメーオ、愛妾らとともに退場。

第2幕 第11場
セスト　と　コルネーリア

セスト　ああ完全に消え去った、

恨みを晴らすという希望は。

剣よ、もうお前には力はないと見る。。

僕はもう耐えがたい、お前に死を願う。

［自殺しようとして剣を抜く。

コルネーリア　お止めなさい。何をするのですか？

意地悪い運命が仇討ちを無にしたからといって

絶望するのは無駄なこと、おお　セスト。

セスト　チェーザレ亡きいま、

私たちにはもう何の望みがありましょう？

コルネーリア　元気をだして、勇気を出して。　ニレーノが

すでに道を開いてくれています。戦場へ行くのです。

そこで再び邪悪な暴君に出会うのです。そして

強靭な精神をもって　彼に見せつけてやるのです、

死を恐れずに立ち向かうことのできることを。　［退場

セスト　暴君の足取りを

密かに　ずっとつけて行こう。

父親の殺害者が、

息子の手によって　窮地に陥り

血の気も失せて倒れるまで。

そよ吹く風を、

暴君で冷酷な男は、

呼吸する価値もない。

あの残酷な心が

私を怒りへと駆り立てる。

あの男の死だけだ、私を宥(なだ)められるのは。

そよ吹く風を・・・

第 2 幕 終 わ り

---

55 注 **41** に同じ。l の文字は二つとなる。

Atto III   SCENA I

Porto Vicino dalla Città d' Alessandria.
Achilla con seguito di Soldati.

Ach. In tal modo si premia

    Il mio lungo servir, la fede mia ?

    Barbaro Re, ti pentirai fra poco

    D'avermi offeso; andiamo

    Prodi Campioni, e a Cleopatra avanti

    Offriam le nostre insegne, offriamle il core,

    E sia menda al tardar l'alto valore.

        Dal fulgor di questa spada

          Vuò che cada

          Umiliato un empio cor;

        Già non dee soffrir l'offese

          Chi difese

          Il suo Regno col valor.

          Dal fulgor,   Ecc.   [Parte.

SCENA II

Al suono di una bellica sinfonia segue la battaglia tra' Soldati di Cleopatra, e di Tolomeo, e questi ultimi anno[56] la Vittoria: finita la sinfonia entra Tolomeo con Cleopatra prigioniera.

Tol. Vinta cadesti al balenar di questo

    Mio fulmine reale.

Cle. Tolomeo non mi vinse;

    Mi tradì quella cieca,

    Che tiran ti protegge

    Senz' onor, senza fede, e senza legge.

Tol. Olà ? si baldanzosa

    Del vincitore al riverito aspetto ?

    S' incateni costei.

          [Una Guardia incatena Cleopatra.

Cle. Empio crudel, ti puniranno i Dei.

Tol. Costei, che per Germana aborro, e sdegno,

    Si conduca alla Reggia; io colà voglio

    Che ad onta del suo ardire,

    Genuflessa m'adori a piè del soglio.

        Domerò la tua fierezza

          Che il mio Trono aborre, e sprezza,

          E il[57] umiliata ti vedrò;

第3幕　第1場

アレッサンドリアの都市近郊の港。
配下の兵士たちを連れたアキッラ。

アキッラ　このように報いられるのか、

    私の長い奉公と忠誠が？

    非情な王だ。間もなく後悔するがよい

    私を侮辱したことを。　行こう

    勇敢な戦士らよ。　クレオパトラの前に

    われらが軍旗を捧げ、彼女に心を捧げよう。

    遅れては手柄を立てそこなう。

        この剣の煌めきで

          あの無慈悲な心は

            面目もなく倒れるがよい。

        もう屈辱に耐える必要はない、

          自分の王国を

          勇敢に守った者は。

        この剣の煌めきで・・・　[退場

第3幕 第2場

戦いのシンフォニアに続いてクレオパトラの兵士たちとトロメーオの兵士たちの戦いが始まる。トロメーオ軍が勝利する。シンフォニアが終わると、捕虜となったクレオパトラをともなってトロメーオが登場する。

トロメーオ　お前は負けたのだ、

    この王たる私の雷に打たれて。

クレオパトラ　トロメーオが私に勝ったのではない。

    名誉も誠実もかなぐり捨て、法まで犯して

    見境もなくお前を守る　あの暗愚な運命が

    私を欺いたのだ。

トロメーオ　何を？　敬われるべき勝利者に向かって

    こうも厚顔であるか？

    こ奴を鎖に繋げ。

        [一人の護衛がクレオパトラを縛る。

クレオパトラ　残忍な邪悪者。神々がお前を罰してくれよう。

トロメーオ　姉であるがゆえに予が忌み嫌い蔑むこの女を

    宮殿へひっ立てろ。そこで、

    その不遜のゆえに、玉座の足許にひざまづき、

    予への敬意を表すがよい。

        お前の傲慢を　ねじ伏せて見せる。

          わが王座を忌み嫌い侮る　その傲慢を。

          落ちぶれたお前の姿を見てやろう。

---

56 これは「年(anno)」ではなくhanno（avere の直説法一人称複数）のことである。注 **16** 参照。

57 この il は不要。ここに男性の冠詞が入るのは意味がないし、8音節詩行の詩に対して音節的にも不釣り合い。
    Bianc.をみても　この il は削除されている。

Tu qual Icaro rubelle

Sormontar brami le stelle,

Ma quell'ali Io tarperò.

Domerò, Ecc.　[Parte.

お前は反逆のイカロス[58]のように

星さえ乗り越えようと もがいているが、

その翼を私が切り落としてみせる。

お前の傲慢を・・・　［退場

SCENA III

Cleopatra sola con Guardie.

E pur così in un giorno

Perdo fasti, e grandezze? Ahi fato rio !

Cesare il mio bel nume è forse esinto;

Cornelia, e Sesto inermi son, nè sanno

Darmi soccorso: Oh Dio !

Non resta alcuna speme al viver mio.

Piangerò la sorte mia

Sì crudele e tanto ria

Finchè vita in petto avrò.

Ma poi morta d' ogni intorno

Il Tiranno e notte e giorno

Fatta spettro agiterò.

Piangerò,　Ecc.　[Parte.

第3幕 第3場

クレオパトラ一人。 衛兵に監視されている。

ただ一日にして、このように

栄華と尊厳を失うのか？ ああ 悪意ある運命よ！

神と崇めるチェーザレは死んだのかもしれない。

コルネーリアとセストには力もなく、

私を助けることはできない。おお 神よ！

私にはもう 生きる希望がありません。

この胸に命あるかぎり

こうも残酷で邪な

我が運命に泣き暮らす。

しかし死んで後は亡霊となり、

いたるところで あの暴君につきまとい、

昼となく夜となく、不安に慄かせてやるのだ。

この胸に・・・　［退場

SCENA IV

Giulio Cesare, da una parte, poi Sesto,[59]
dall'altra　con Nireno; ed Achilla steso
sul margine del Porto malamente ferito.

Cesare solo.

Dall' ondoso periglio

Salvo mi porta al Lido

Il mio propizio fato.

Quì la celeste Parca,

Non tronca ancor lo stame alla mia vita !

Ma ! dove andrò ? e chi mi porge aita ?

Ove son le mie schiere ?

Ove son le legioni,

Che a tante mie vittorie il varco apriro ?

第3幕 第4場

一方からジュリオ・チェーザレが、他方からセストが
ニレーノとともに登場。そしてアキッラが致命傷を
負って港の片隅に倒れている。

チェーザレ一人

我が情け深い運命は

波立つ海の危険から、

無事に私をこの岸辺に運んでくれた。

ここにいるということは、天上のパルカ[60]が、まだ

私の命から生命の糸を断ち切っていないということだ！

しかし！どこへ行くか？ 誰が助けてくれるのか？

我が部隊はどこにいる？

あの軍団はどこにいるのか？

私の幾多の勝利のために道を切り開いてくれた

あの軍団は？

---

58 ギリシャ神話で有名な名工ダイダロスの息子。父親とともにクレタ島のミノス王に捕らわれるが、その迷宮から脱出するために、父親ダイダロスが考案した翼を蝋で身につけて二人は空高く飛び立つ。しかし父親の固い忠告を忘れたイカロスは空高く飛びすぎて、太陽の熱で翼の蝋が溶け、海に墜落してしまったと伝えられている。

59 この辺りのコンマは分かりにくい。Bianc.ではこのコンマもチェーザレの後のコンマも削除されている。それを参照し、セストとニレーノが、チェーザレとは反対側から一緒に登場すると解釈した。

60 ローマ神話の運命の女神。ギリシャ神話ではモイラと言われ、人間の誕生の瞬間にその運命を決定する女神のことである。本来３人姉妹なので まとめてパルカイ（子を産むもの）、モイライ（切り取るもの）と複数で呼ばれることもある。姉妹のうちの一人が糸を紡ぎ、もう一人がそれで織った布に運命の図柄を描き、さらにもう一人がその布を断ち切って人の運命を決めるのだそうである。ここでは布を断ち切る最後の一人を指してパルカと単数で言っている。

Solo in quest' erme arene	一人、この寂びれた砂浜を
Al Monarcha[61] del mondo, errar conviene ?	世の君主に相応しき者が彷徨わねばならぬのか？
Aure deh per pietà	そよ風よ ああ 願わくば
Spirate al petto mio	この胸に吹き入ってくれ、
Per dar conforto oh Dio	わが苦悩に、おお神よ、
Al mio dolor.	慰めを与えるために。
Dite: dov'è, che fa ?	教えてくれ、どこに、どうしているのか、
L'Idolo del mio sen	私の胸の憧れの人は？
L'Amato, e dolce ben≈	この心が慕う、
Di questo cor ?	愛しい愛する人は？
Ma d' ogni intorno i' veggio	しかしどこを見ても
Sparse d' arme, e d' estinti	武器と死者の散乱する
L'infortunate arene;	悲惨な砂浜だ。
Segno d'infausto annunzio al fin sarà.	つまりこれは 不吉の前兆であろう。
Aure deh per pietà	そよ風よ、ああ 願わくば
Spirate al petto mio	この胸に吹き入ってくれ、
Per dar conforto oh Dio	わが苦悩に、おお神よ、
Al mia[62] dolor.	慰めを与えるために。
[Entra Sesto e Nireno.	[セスト と ニレーノが登場する。
Sest. Cerco in van Tolomeo per vendicarmi,	**セスト** 仇を討とうとトロメーオを探しているが、見つからない。
E il mio destin spietato a me l'asconde.	僕の無情な運命が 奴を僕に隠しているのだ。
[Achilla su 'l margine del Porto mortalmente ferito.	[アキッラが致命傷を負って岸辺の片隅に倒れている。
Ach. Hai vinto o Fato.	**アキッラ** お前は勝った、おお 運命よ。
Sest. Quai tronche voci ?	**セスト** なんという弱り果てた声だろう？
Ach. Avete vinto o stelle !	**アキッラ** おお 星々よ、お前たちの勝ちだ！
Ces. Duo Guerrieri ? in disparte	**チェーザレ** 戦士が二人？ 隠れて
De' loro accenti il suono	彼らの話を聞こう。
Udir io voglio, e penetrar chi sono. [Si ritira.	そして二人が誰かを見定めるのだ。 [脇に退く。
Nir. E questi Achilla in mezzo al sen piagato.	**ニレーノ** あれはアキッラだ。胸の真ん中を負傷している。
[a Sesto.	[セストに言う。
Ces. (Achilla è il moribondo ?)	**チェーザレ** （アキッラだと？ あの瀕死の男が？）
Nir. Amico, amico.	**ニレーノ** 君、君。
Ach. O Cavalier o ignoto,	**アキッラ** 騎士のお方か どなたか知らぬが、
Che con voci d'amico	親しい声で
Articoli il mio nome,	我が名をはっきりと口にされるお方、
Deh se sia mai, che ti conceda il fato	ああ もし運命があなたに
Di favellar un giorno	いつの日か 美しいコルネーリアに、ローマの太陽に
Alla bella Cornelia, al sol di Roma:	話す機会を与えてくれるなら、
Digli, che quell'Achilla,	彼女に伝えてほしい。 あのアキッラが
Che consigliò del gran Pompeo la Morte—	偉大なポンペーオの殺害を進言したのだと――
Sest. (Ah scelerato !)	**セスト** （ああ 極悪人！）
Ces. (Ah iniquo !)	**チェーザレ** （ああ 極悪非道な！）

---

[61] 正しくは h を取って mon<u>a</u>rca である。ここでも英語の <u>monarch</u> との混同があるのではないかと推測されて興味深い。。

[62] dolor が男性名詞なので、本来は mio になるべきところ。

Ach. Che per averla in moglie

Contro Cesare ordì l'altra congiura—

Sest. (Ah Traditor !)

Ces. (Fellone !)

Ach. Sol per cagion di vendicarsi un giorno

Contra il Re Tolomeo

Gionse in tal notte a spirar l'alma in guerra.

Questo sigil tu prendi;

Nel più vicino speco

Cento armati guerrieri

A questo segno ad ubbidir son pronti;

Con questi puoi per sotterranea via

Penetrar nella Reggia; e in breve d' ora

Torre all'empio Cornelia

E insieme far, che vendicato io mo—ra

[Da' il sigillo a Sesto, spira.

Nir. Spirò l'alma il fellon—

Sest. Tu scaglia in tanto

Il cadavere indegno

Del Traditor nell' Onde

[Giulio Cesare si avanza, e toglie il sigillo a Sesto.

Ces. Lascia questo sigillo.

Sest. Oh Dei !

Ces. Che veggio ?

Sest. Signor ?

Ces. Tu Sesto ?

Sest. E come

Vivo Cesare ?   e illeso

Chi 'l sottrasse alla Parca ?

Ces. Io fra l' onde nuotando al lido giunsi:

Non ti turbar, mi porterò alla Reggia,

E m' aprirò con tal sigil l'ingresso.

Teco Niren mi segua;

O che torrò alla sorte

Cornelia, e Cleopatra, o avrò la morte.

Quel Torrente che cade dal monte

Tutto attera che incontro le **63** stà.

Tale anch' io a **64** chi oppone la fronte,

Dal mio brando atterrato sarà.

Quel,   Ecc.   Parte.

アキツラ　コルネーリアを妻とするために

チェーザレに対してもまた別の陰謀を企んだ　と――

セスト　　（ああ　裏切り者！）

チェーザレ（けしからぬ奴だ！）

アキツラ　いつの日か　トロメーオ王に

復讐してやるとの一念ではあったが、

今宵、戦いにて命を落とすこととあいなった。

この印章を、君　とってくれ。

そこの　いちばん近い洞窟に

武装した沢山の兵がいるが、

この印章を見せれば直ちに従う。

その手勢を連れて、地下道を通って行けば、

王宮に侵入できる。　そうすればすぐに

コルネーリアをあの無慈悲者から救い出せる。

同時に復讐なって　私も　死――ねる。

[セストに印章を渡し、息絶える。

ニレーノ　極悪人は死んだ―

セスト　　そのうち　君、

海に投げ込んでおいてくれ

この裏切り者の恥ずべき亡き骸を。

[チェーザレが進み出てセストから印章を奪い取る。

チェーザレ　この印章を渡せ。

セスト　　おお　何をする！

チェーザレ　おお　なんということだ？

セスト　チェーザレ様？

チェーザレ　君はセストではないか？

セスト　なんと、チェーザレ様が

生きておられるとは？　しかも無傷で。

誰があなたを、パルカから奪い返したのですか？

チェーザレ　波間を泳いで岸にたどり着いたのさ。

心配しなくてもいい。私が宮殿に行こう。、

そして私がこの印章で扉を開ける。

君とともに　ニレーノも、私について来たまえ。

コルネーリアとクレオパトラを

その運命から救い出すか、さもなければ私が死ぬかだ。

山から流れ落ちる奔流は

逆らうものをことごとくなぎ倒す。

私も同じだ。この面前に立ちはだかる者は

我が剣によってなぎ倒されよう。

山から流れ落ちる・・・[退場

---

63 「急流 torrente に逆らうもの」は男性名詞なので、正しくは gli である。　Bianc.でもやはり gli に訂正されている。

64 これは a ではなく e（and）であろう。Bianc.を参照して and と解釈した。

SCENA V

Sesto e Nireno.

Sest. Tutto lice sperar, Cesare vive

Nir. Segui o Sesto i suoi passi.

Sest. Achilla estinto ?**65** or si che il Ciel comincia

A far le mie vendette.

Sì, sì, mi dice il core,

Che mio sarà il desiato onore.

La Giustizia ha già sull'arco

Pronto strale alla vendetta

Per punire un Traditor.

Quanto è tarda la saetta

Tanto più crudele aspetta

La sua pena un empio cor.

La Giustizia,　Ecc.　[Parte con Nireno.

SCENA VI

Appartamento di Cleopatra

Cleopatra (con guardie) fra le sue damigelle,
che piangono e poi Ceare con soldati.

Cle. Voi, che mie fide ancelle un tempo foste

Or lagrimate in van; più mie non siete.

Il barbaro Germano,

Che mi privò del Regno,

A me vi toglie; e a me torrà la vita.

[Si ode strepito di Arme nella Scena.

Ma ! qual strepito d'armi ?

Ah si piu non mie siete,

Spirar l'alma Cleopatra or or vedrete.

[Cesare con spada nuda in mano e Soldati.

Ces. Forzai l'ingresso a tua salvezza o cara.

Cle. Cesare, o un**66** ombra sei ?

第3幕 第5場

セスト と ニレーノ

セスト　すっかり希望が持てる。チェーザレは生きている。

ニレーノ　おお セストよ チェーザレの後に続け。

セスト　アキッラは死んだ。いまや明らかだ、

天は僕の仇を討ち始めている。

そうだ そうだ、と 心が僕に語る、

待ち望んだ名誉は僕のものだ と。

正義はすでに弓を引き絞り、

復讐の矢をつがえる、

裏切り者を討つために。

放つ矢が遅ければ遅いほど、

邪悪な心は

それだけ苛酷な刑罰を待つ。

正義はすでに・・・[ニレーノとともに退場。

第3幕 第6場

クレオパトラの居室

クレオパトラが（衛兵に監視され）侍女たちに
囲まれている。侍女たちは泣いている。
やがてチェーザレが兵士たちとともに登場。

クレオパトラ　お前たちは、かつては私の忠実な召使だったけれど、

いまは虚しく泣いている。 もう私のものではないのだ。

私から王国を奪った

あの残忍な弟が

お前たちをも取り上げて、私の命まで奪うのだ。

[幕の陰で武具の触れあう音が聞こえる。

あら！ なんという武具の触れあう音かしら？

ああ そうだ、お前たちは もう私のものではないのだ。

クレオパトラが命が終えるのを、お前たちはいま

見ているのだ。

[チェーザレが抜き身の刀を手に、兵士たちと登場。

チェーザレ　力ずくで入ってきた、あなたを助けるために、

おお 愛しい人。

クレオパトラ　チェーザレ、いや あなたは亡霊かしら？

---

65 セストはアキッラの亡骸を海に投げ捨てさせているのであるから、アキッラが死んだことを彼はすでに知っている。だからここに疑
問符をつけて「アキッラは死んだか？」と聞くのはおかしい。Bianc.を参照すると、ここはコンマになっているが、対訳では「。」
にした。

66 ombra が女性名詞なので、その不定冠詞 una は語尾母音 a が省略されて un'となる。un では女性名詞に男性不定冠詞が付
いたようで不自然である；

Ces. Olà ?**67** partite omai empi ministri

　　D'un Tiranno spietato;

　　Cesare così,**68** vuol pronti ubbidite.

　　　　　　　[Scaccia le Guardie di Tolomeo.

Cleo. Ah ! ben ti riconosco

　　Amato mio tesoro

　　Al valor del tuo braccio;

　　Ombra no tu non sei Cesare amato.

　　　　　　　[Corre ad abbracciarlo.

Ces. Cara ti stringo al seno;

　　Ha cangiato vicende il nostro fato.

Cle. Come salvo ti vedo ?

Ces. Tempo aurò di svelarti

　　Ogni ascosa cagion del viver mio;

　　Libera sei, vanne fratanto al porto,

　　E le disperse schiere in un raduna;

　　Colà mi rivedrai:

　　Marte mi chiama

　　All'impresa total di questo suolo.

　　Per conquistar non che l' Egitto, un Mondo

　　Basta l' ardir di questo petto solo.　[Parte.

Cle. 　Da tempeste il legno infranto,

　　　　Se poi salvo giunge in porto

　　　　Non sa più che desiar.

　　　　Così il cor tra pene, e pianto

　　　　Or che trova il suo conforto

　　　　Torna l' alma a bear.

　　　　　　　Da tempeste,　Ecc [parte.

SCENA VII

Sala Regia
Cornelia, Tolomeo

Tol. Cornelia: è tempo omai

　　Che tu doni pietade a un Re, che langue.

Cor. Speri in vano mercede.

　　Come obliar poss'io

　　L'estinto mio consorte ?

Tol. Altro ten'offre il Regnator d'Egitto

　　Cara al mio sen ti**69**stringo.

チェーザレ　おい！　さっさと去るがよい、

　　　冷酷な暴君の邪悪な使者どもよ。

　　　チェーザレがそう望むのだ、即刻　服従せよ。

　　　　　　　[トロメーオの監視人たちを追い払う。

クレオパトラ　ああ！よく分かったわ、

　　　あなたの　その威力で、

　　　あなたが愛する私の大切な人だということが。

　　　亡霊ではない、あなたは。　愛しいチェーザレだ。

　　　　　　　[走り寄って彼を抱きしめる。

チェーザレ　愛しい者よ、そなたを胸に抱きしめる。

　　　私たちの運命が　成りゆきを変えたのだ。

クレオパトラ　なぜ、無事なあなたに会えるのかしら？

チェーザレ　そのうち　話してあげよう、

　　　私が生きていることの　知られざる理由をすっかり。

　　　あなたは解放されたのです。とりあえずは港に行って

　　　四散した部隊を一箇所に集めてください。

　　　そこでまた会いましょう。

　　　マルテが私を呼んでいる、

　　　この地の総仕上げをするために。

　　　エジプトは言うまでもなく、世界を征服するには、

　　　この胸の勇気さえあればこと足りる。　　　[退場

クレオパトラ　　嵐によって砕けた船は

　　　　無事に港に着きさえすれば

　　　　もう望むことは何もない。

　　　　そのように、苦悩と涙に浸った心が、

　　　　いまや慰めを見出したからには

　　　　この胸はまた喜びに帰る。

　　　　　　　嵐によって・・・　　　[退場

第3幕 第7場

王宮の広間
コルネーリア　と　トロメーオ。

トロメーオ　コルネーリアよ、そろそろ　悩める王に

　　　そなたが情けを与えてくれる時ではあるぞ。

コルネーリア　情けを期待なさっても無駄でございます。

　　　どうして忘れられましょう。

　　　亡くなった私の夫のことを？

トロメーオ　エジプトの支配者が別の夫をそなたに贈る。

　　　愛しい者よ、わが胸に　そなたを抱きしめよう。

67　この疑問符は、むしろ感嘆符ではないだろうか。Bianc.ではコンマになっているが、対訳では「！」とした。

68　このコンマは vuol の次に来ないと読み取りにくい。前の文を受けて「チェーザレはこう望んでいる così vuole、だから　さっさと
　　　従え pronti ubbidite」と続くのである。Bianc.を参照すると、やはりこのコンマは vuol の次に置き変えられている。

69　このアクセント記号はいらない。ただの ti である。

Cor. Scostati indegno, e pensa

    Che Cornelia è Romana.

Tol. Non ho più che temer Cesare estinto,

    Cleopatra umiliata, or non ascolto

    Che il mio proprio voler.

             [Si vuol accostar di nuovo.

Cor. Se alcun non temi,

    Temi pur questo ferro

                 [Cava uno stile dal seno.

    Che a me sola s'aspetta

    Far del morto consorte or la vendetta.

SCENA VIII

Mentre Cornelia corre alla vita di Tolomo,
sopragiunge Sesto con spada nuda.

Sest. T' arresta o Genetrice

    A me o Tiranno—

Tol. Io son tradito. Oh Numi !　[Snuda il Ferro.

Sest. Sappi perfido mostro; e per tua pena :

    Salvo i Numi serbar' da i tradimenti

    Cesare invitto, e Cleopatra e i**70**sciolse

    Dall'ingiuste catene; ei quì sen' viene;

    Io lo precorro; e questo

    Chiede quel sangue, ch'è dovuto a Sesto.

Tol. Del folle ardir, ti pentirai ben presto.

    [Si battono, e Tolomeo vien ferito, e cade

      morto in Scena.

Cor. Or sì ti riconosco

    Figlio del gran Pompeo, e al sen ti stringo

Sest. Giace il Tiranno estinto

               [Guardando nella Scena.

    Or Padre sì; tu benchè vinto, hai vinto. [Parte.

Cor.　　Non ha di che temere

      Quest'alma vendicata,

      Or sì sarò beata,

      Comincio a respirar.

    Or vuò tutto in godere

      Si cangi il mio tormento,

      Ch' è vano ogni lamento

      Se il Ciel mi fa sperar.

            Non ha,　Ecc.　[Parte.

コルネーリア 離れてください、見苦しい。　お考えください、
    コルネーリアはローマの女です。

トロメーオ 怖れるものは何もない。チェーザレは死んだ。
    クレオパトラは落ちぶれた。いまや自分自身の欲のほか、
    どんな言葉も聞こえぬわ。
        [またコルネーリアに近づこうとする。

コルネーリア 怖れるものはないと言われましても、
    この凶器は恐れていただきましょう。
         [懐から短剣をとり出す。
    殺された夫の仇を討つのは
    いまや私一人にかかっておりますゆえに。

第3幕 第8場

コルネーリアがトロメーオの命を取ろうと駆け寄ると、
そこへ突然セストが抜き身の剣を構えて現れる。

セスト　お待ちください、おお　母上
    討つのは私に。　おお　この残酷者——

トロメーオ 謀られたか。畜生！　[刀を抜く

セスト　知るがよい、忌まわしい怪物よ、お前を罰するために
    神々は無敵のチェーザレを、裏切りから
    無事に救出された。そして彼はクレオパトラを
    不当な鎖から解放した。間もなくここに来られよう。
    私は彼に先駆けて来た。この剣が
    セストに課せられた復讐の血を求めている。

トロメーオ その愚かな剛胆を、お前はたちまち後悔しようぞ。
    [二人戦う。そしてトロメーオはやられ、
      幕の陰に死んで倒れ込む。

コルネーリア それでこそお前は
    偉大なるポンペーオの子。お前を胸に抱きしめます。

セスト　暴君は死んで横たわっている。
        [幕の陰を覗きながら。
    いまや父上、あなたは負けても勝たれたのです。[退場

コルネーリア　　なにを恐れようか
      復讐を果たしたこの心は。
      私はやっと満たされるのだ、
      ほっと息を吐き始めている。
    これからは　私の苦悩が
      すっかり喜ぶことに変ってほしい。
      天が私に希望を持たせれば、
      どんな悩みも虚しいのだから。
      なにを恐れようか・・・　[退場

---

70 これは ei と続けてひと文字。egli の古い書き方で、ここではチェーザレのことを指している。

SCENA Ultima

Porto di Alessandria

Cesare Cleopatra, e seguito d' Egizzi con trombe, e timpani, finita la Sinfonia entrano.**71** Curio e Nireno, e poi Sesto, e Cornelia con un Paggio, che porta lo scettro, e Corona di Tolomeo.

Nir. Qui Curio vincitor, qui tuo l'Egitto:

  In quest'ondoso piano

  Cesare ogn'un t'acclama

  Signor del Mondo, e Imperator Romano.

Ces. Del suo fido servir, premio condegno

  Avrà Nireno: Curio,

  Già del tuo forte braccio

  Si conosce il valor; ma quì Cornelia ?

       [Cornelia, e Sesto,**72** che s' inginochia.

Sest. Signor, ecco a tuoi piedi

  E di Cornelia, e di Pompeo il figlio,

  Egli la grande offesa

  Del tradimento enorme

  Vendicò col suo brando

  E tolse a Tolomeo l'alma col sangue.

Ces. E morì Tolomeo ?

Cor. Se Sesto in mia difesa

  Pronto non accorrea

  Di Cornelia l'onor era in periglio.

Ces. La vendetta del Padre

  è ben dovuta al figlio:

  Sorgi Sesto, ed amico al sen ti accolgo.

Cor. Ogni affetto di fede in te rivolgo.

           [si abbracciano.

Cor. Dell'estinto Tiranno

  Ecco i segni Reali, a te li porgo.

[Da la corona, e lo Scettro di Tolomeo a Cesare.

Ces. Bellissima Cleopatra:

  Quel diadema, che miri, a te s'aspetta;

第3幕 最終場

アレクサンドリアの港。

チェーザレ、クレオパトラ、笛太鼓のエジプト人従者が登場。シンフォニアが終わると、クーリオとニレーノ、次いでセストと、一人の小姓を従えたコルネーリアが登場。小姓は トロメーオの笏と王冠を捧げている。

ニレーノ こうしてクーリオは勝者となり、ここにエジプトは
          あなたのものとなりました。

  この波立つ岸辺では、

  チェーザレよ、すべての者がみな あなたを

  世界の君主、ローマの皇帝と称えております。

チェーザレ ニレーノ、そちの功績に相応しい報償を

  遣わそう。 そしてクーリオよ、

  そなたの めざましい軍功は

  世の知るところである。ところでコルネーリアがここに？

      [コルネーリアと、ひざまずくセスト。

セスト チェーザレ殿 コルネーリアの、そして

  ポンペーオの子が 御足許に ひざまずいております。

  その者は、非道な裏切りによる

  この上ない侮辱の復讐を

  自らの剣によって果たし、

  トロメーオから 血に染めて命を奪いました。

チェーザレ トロメーオは死んだのか ？

コルネーリア もしセストが私を守るために

  急ぎ駆けつけてくれませんでしたら、

  コルネーリアの名誉は汚されるところでございました。

チェーザレ 父親の復讐は

  子の果たすべきものである。

  セストよ 立たれよ。友として この胸にそなたを迎えよう。

セスト73 忠誠のかぎりを あなたに捧げます。

      [二人抱き合う。

コルネーリア 倒れた暴君のものであった王位の徴が

  ここにございます。あなた様にそれを捧げます。

    [トロメーオの王冠と笏をチェーザレに差し出す。

チェーザレ この上なく美しいクレオパトラよ、

  ご覧のこの王冠は、 あなたにこそ望まれるもの。

---

71 この辺りの句読点は読みとりにくい。この entrano の主語は次の Curio, Nireno, Sesto, Cornelia だと思われる。Bianc.では Cesare, Cleopatra e seguito から tinpani までを一文とし、Finita 以下を新しい一文としている。対訳ではこれを参照し、チェーザレとクレオパトラは、笛太鼓隊のエジプト人従者を従えて先に登場し、シンフォニアが終わってから、その他の人物たちが登場するという情景であると解釈した。

72 このコンマも読み取りにくい。このままだと、ひざまずいているのはコルネーリアだとも取れる。しかし Bianc.ではこのコンマも Cornelia の後のコンマも削除している。そのように整理されれば非常に分かりやすい。しかし状況からすればセストはもちろん、コルネーリアもひざまずいていそうなものだが、che 以下の動詞 s'inginocchia が単数なので、ひざまずいているのはセストだけで、コルネーリアは立っているものと解釈した。

73 原文ではここはコルネーリアの台詞になっている。しかし前後の状況からすると、これはセストの台詞ではないだろうか。Bianc.ではここから 以下3行をコルネーリアの台詞としている。しかしセストがこう言って、チェーザレと二人が抱き合う(ト書き)のが最も自然であると思われるために、対訳ではこの一行をセストの台詞とした。楽譜を見ると、やはりここはセストの台詞になっている。

Io te ne cingo il crine

Regina dell'Egitto;

Darai norma alle genti, e legge al Trono.

Cleo. Cesare: questo Regno è sol tuo dono.

    Tributaria Regina

    Imperator ti adorerò di Roma.

Ces. (Amor chi vide mai più bella chioma ?)

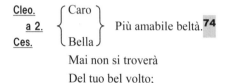

Mai non si troverà

Del tuo bel volto;

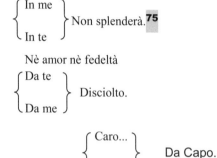

Nè amor nè fedeltà

Cleo. Cesare: questo Regno è sol tuo dono.

Ces. Goda pur or l' Egitto

    In più tranquillo stato

    La prima libertà: Cesare brama

    Dall'uno all'altro Polo.**76**

    Che il gran nome Roman spanda la Fama.

Coro

    Ritorni omai nel nostro core

      La bella gioia ed il piacer;

    Sgombrato è il sen d'ogni dolore

      Ciascun ritorni ora a goder.

[A 2. Ces. e Cle.

    Bel contento il sen già si prepara

      Se tu sarai costante ogn'or per me;

    Così fuggì dal cor la doglia amara

      E sol vi resta amor costanza, e fe.

        Ritorni, Ecc.

Fine

私がこれを あなたの髪に飾ろう、

エジプトの女王よ。

王座にて人々に範を示し、掟を定められよ。

クレオパトラ　チェーザレ様　この王国は ひとえにあなたの贈物。

属州の女王は

ローマ皇帝として あなたを敬います。

チェーザレ　（愛よ、これほどの美しい髪を見た者があるか？）

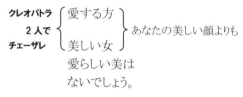

愛らしい美は

ないでしょう。

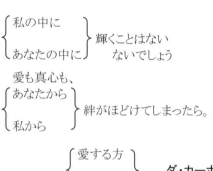

愛も真心も、

チェーザレ　エジプトよ、いまこそ 楽しむがよい、

これまでにない平穏な国情における

はじめての自由を。　チェーザレは切に望む、

北の果てから南の果てに至るまで、

ローマの偉大なる名が知れ渡ることを。

合　唱

戻ってきてくれ、さあ 私たちの心に

    幸せな歓喜よ 悦楽よ、

胸からは苦悩が一掃された。

    みな戻ってきてくれ、いまこそ喜ぶために。

[チェーザレとクレオパトラ 2 人で

この胸は、すでに素晴らしい喜びを用意しています。

    あなたが永久に私に誠実なのですから。

こうして苦い苦しみは心から逃げ去り、

    そこには愛と誠実と、信頼だけが残っています。

      戻ってきてくれ・・・

終 わり

---

74 この行は二行下の bel volto まで続く文章なので、ここにピリオドがあってはならない。

75 同上。ここで終わってしまっては、なにが「輝かない」のか分からない。これも Da te (Da me) Disciolto まで続く文章である。

76 この Cesare brama は Che 以下 la Fama. まで続く文章なので、ここでピリオドで終わることはできない。

追　補

ATTO I. SCENA VIII. Pag.25.　　　第1幕　第8場 P. 25⁷⁷

（アリアの別バージョン：底本に掲載）

(Dopo quel verso di Sesto che dice:) Cadrà punito il gran
Tiran d'Egitto.(Sesto parimente dice quest'Aria.)

「エジプトの暴虐者よ斃れるがよい」というセストの詩行の後で、
同じくセストが次のアリアを歌う)⁷⁸。

Cara speme, questo core
　Tu cominci a lusingar;
Par che il Ciel presti favore
　I miei torti a vendicar.

親愛なる希望よ、僕の心を
お前は喜ばせ始めている。
天が好意を示してくれるようだ、
僕の受けた無礼への復讐に。

　　　　　　Cara,　Ecc.　[Parte.

　　　　　親愛なる希望よ・・・　　　[退場

ATTO I. SCENA IX.　　　　　第1幕　第9場

（アリアの別バージョン）⁷⁹

Ces.

チェーザレ

Va tacito e nascosto,
　Quand' avido è di preda
　L'astuto Cacciator.
E chi è a mal far disposto,
　Non brama che si veda
　L' inganno del suo Cor.

聡い猟師は
　獲物を得ようと狙うとき、
　黙って密かに歩み寄る。
そのように悪事を働こうとする者もまた
　心中の 謀 を
　人に悟られまいとする。

　　　　　　Va, Ecc.　[Parte.

　　　　　聡い猟師は・・・　[退場

---

⁷⁷ このページ数は、この《Giulio Cesare》をファクシミリ化するために用いた元本のページ数で、ここで底本とした E.Harris 編の
　　"The Librettos of Handel's Operas" のページ数ではない。
⁷⁸ このアリアについては注 **31** で述べた。
⁷⁹ このアリアについては注 **34** で述べた。歌詞に数か所変更がある。

ヘンデルのオペラと役立たずの貴公子

中川 さつき

　ヘンデルのオペラ《ラダミスト》(1720)の主人公である王子ラダミストは、美貌の妻を暴君の魔の手から守るために彼女を連れて逃亡する。しかしもはや逃げ切れないことを悟った妻のゼノビアは、他の男のものになる前に自分を殺してくれと懇願する。ラダミストは尻込みするが、妻に押し切られて、震える手に剣を持つ。

　ラダミスト　酷い運命よ、私に勇気を、力を与えたまえ。さあ斬るぞ。(神よ！)
　　〔彼女にかすり傷を負わせ、剣を落とす〕
　ゼノビア　もう、何て臆病なんでしょう。では私自身が勇気を奮って危険から逃れましょう。私に対する愛が真実なら、私の思い出と最期の言葉があなたの心に残るなら、地下の亡者の中で私が安息を得ることを願うなら、どうか私の仇を討ち、あなたは生き延びてちょうだい。
　　〔川に身を投げる〕
　　（《ラダミスト》第二幕第一場）

　高貴で毅然とした妻に対して、何とふがいない夫！　カールスルーエの公演(2009)ではラダミストの腰抜けぶりに客席から笑いが起こった。しかしヘンデルの時代に、ここは笑うところではなかった。このあとラダミストは妻の死を嘆いて名曲〈愛しき亡霊 Ombra cara〉を歌い、彼の不幸に同情した当時の観客は涙に暮れたのである！
　こういった「めそめそ系王子」は十八世紀の歌劇場に集まる人々の心をしっかりと掴んだ。ヘンデルのオペラには、愛に苦しむばかりで役に立たない貴公子がしばしば登場する。《アグリッピーナ》のオットーネは恋人のポッペアに終始振り回され、《パルテノペ》のアルミンドも、愛する人に思いが通じないことを愚痴る。《アドメート》の主人公に至っては最初は病に苦しみ、やっと健康になったと思

えば今度は恋に苦しんで「死にたい」などと言う。このような人々に国政を任せて大丈夫なのだろうか、と心配になる。
　ヘンデルの作品に限らず、こういった軟弱な貴公子は当時の歌劇場の定番キャラクターであり、そんな彼らが傷つき悩む場面に観客は熱狂した。十八世紀を通じて人気を博したメタスタジオのオペラ台本でも、クライマックスは優しく典雅な青年が愛と忠誠との板挟みに苦しむ場面であった。ファリネッリやパッキアロッティといった名歌手が悲壮なアリアを歌う時、観客ばかりか共演の歌手や指揮者までが感動の涙に咽んだという。もちろん女性が悲嘆する場面もあるのだが、こちらはそれほどの伝説は残っていない。カストラートと匹敵する力量を備えた女性歌手は少なかったからだろうか。
　ヘンデルの時代の観客は、苦しみに悶える美青年に強いエロスを感じていたようだ。その究極の形が監獄の場面である。当時のオペラには男性主人公が無実の罪で鎖につながれて悲嘆に暮れる場面がしばしば現れる（たとえばヘンデルの《ロデリンダ》第三幕）。監獄シーンの異常なまでの人気ぶりは同時代のパロディにも描かれている。ジョン・ゲイの《乞食オペラ》(1728)では、女性ファンを喜

【図版1】

嘆く主人公(左)「ああ、彼女が正気に戻ったら何と言うだろう」
《オリンピーアデ》
(1733)

ばせるためには牢獄の場面が欠かせないという
台詞が出てくるし、マルチェッロの《当世風劇場》
(1720 頃)でも、囚人役の男性歌手がわざとらしく
鎖を引きずって観客の同情を引く姿が滑稽に描写
される。そのブームは十八世紀後半にまで生き延
びたようで、ドニゼッティの《劇場の都合不都合》
(1827)にも歌手が台本作家に対して、自分の出番
に監獄シーンを入れろと駄々をこねる場面がある。
このように、為す術もなく運命に翻弄される「女性
的な」ヒーローがバロック・オペラの花形であった。
その対極にあるのが《パルテノペ》のエミリオのよ
うなマッチョ系の男性である。彼らは一般にテノー
ルないしバリトン歌手によって演じられ、その性格
は攻撃的で、勇気と自信に溢れている。女性に対
しては優しく愛を語るのではなく、自国が強大であ
り、自分が武勲に秀でていることを強くアピールす
る。あるいは《アドメート》のエルコレのように、単独
で冥界に降りて化け物をバッタバッタと投げ飛ばし、
ヒロインを救出する。それでは彼らの男らしさに美
しいヒロインが惚れ込むか、というと全くそうではな
い。彼女たちは彼らの言動を「野蛮」だと軽んじて、
最終的にエレガントな「めそめそ系王子」を伴侶と
して選ぶのである。十八世紀のオペラに登場する
ヒロインたちは、冒頭に引用したゼノビアのように、
意志が強く賢明で優しい。《パルテノペ》の二人の
ヒロインも、常に自ら決断して行動し、裏切り者を
許す度量の広さまで備えている。自分自身が十分
に強いのであれば、夫に同じものを求めなくても良
いのだろうか。

【図版2】
主人公が牢獄に繋がれていると、男装した
ヒロイン(右)が助けに
来る
《シロエ》(1726)

　バロック・オペラにおいて、ヒロインに愛される条
件とは、渋い低音でなく澄んだ高音の声を、能動
性よりも受動性を、男らしい髭よりも女性のように
つるりとした頬を備えていることである。成人男性
よりも美少年のイメージに近い。現代人はそんな
王子たちを見て「男らしくない!」と呆れるかも知
れないが、十八世紀の宮廷人は「男らしさ」よりも、
繊細で控えめな性格を高貴な生まれの証として
尊重した。そしてカストラートは、そのように性的に
曖昧な貴公子、永遠の美少年を演じるのに相応し
い存在だったのである。

(なかがわ さつき 日本ヘンデル協会会員 イタリア文学)

図版はいずれも Opere del Signor Abate Pietro Metastasio,
Paris, Vedova Herrissant, 1780.(京都産業大学図書館蔵)

2012 年 11 月 23 日 日本ヘンデル協会公演
《パルテノペ》プログラムより転載

George Frideric Handel

Rodelinda
Rodelinda, Regina de' Longobardi

Dramma per Musica
HWV 19

ジョージ・フリデリック・ヘンデル

オペラ《ロデリンダ》
ロンゴバルドの王妃　ロデリンダ

対　訳　　諏　訪　羚　子

解　説　　三ヶ尻　　正

日本ヘンデル協会

G. F. ヘンデル (1685-1759)
オペラ《ロデリンダ》HWV 19

【楽曲解説】 三ヶ尻　正

《ジュリオ・チェーザレ》と同じく第1次国王音楽アカデミーで上演された(1725)。
ロンバルディアの女王ロデリンダの悲運と貞節・矜持、そして悲願の夫との再会を描く。
反王朝・ジャコバイト色が最も濃厚なオペラの一つでもある。

■ヘンデルとオペラ・オラトリオ

　作曲家ヘンデルとそのオペラについての概要は本書第2章「ヘンデルの生涯とオペラ」(P9〜P12)をお読みいただきたい。

■《ロデリンダ》原作と台本・・・

オペラ《ロンゴバルド（ロンバルディア）の王妃ロデリンダ》の台本の原作は、フランス演劇の大家ピエール・コルネイユ(仏 Pierre Corneille, 1606-1684)の同名の戯曲だった。これをアントニオ・サルヴィ(伊 Antonio Salvi, 1664-1724)がオペラ用の台本とし、1710 年にジャコモ・ペルティ(伊 Giacomo Antonio Perti, 1661-1756)が作曲している。ヘンデルのロンドンでの上演用に翻案したのは第1次国王音楽アカデミー時代に多数の台本を提供したニコラ・ハイム(伊 Nicola Francesco Haym, 1678-1729)だった。

■あらすじ

　（登場人物一覧と人物関係図は P..74 に）

　[第 1 幕] 中世北イタリアのロンバルド王ベルタリードは暗殺されフン族の墓に葬られた(と伝えられている)。暗殺・王位簒奪の暴挙に及んだのは王妃ロデリンダの妹エドヴィージェの許婚グリモアルド。グリモアルドはエドヴィージェを裏切って(前)王妃ロデリンダに求愛する。グリモアルドの腹心でトリノ公のガリバルドはロンバルドの王位を狙っていて、そのためまずはエドヴィージェの夫に収まろう(ひいてはグリモアルドも無きものにしてエドヴィージェの夫として王位を取ろう)、と画策している。

　殺されたはずのベルタリードはフン族の間に潜伏、再起の機会を窺っていて、墓地で出遭った旧友ウヌルフォに事情を話す。しかしここで物蔭からグリモアルドが腹心ガリバルドと、ロデリンダを娶るための計画を話しているのを、またロデリンダがグリモアルドの求婚を受ける決意をしたことを(ただしロデリンダの真意は知らない)耳にして落胆する。

　[第2幕] ガリバルドはエドヴィージェに求愛するが受け容れられない。ロデリンダは条件付きでグリモアルドの求愛を受けると申し出るが、その条件とは王位簒奪の罪状を認め、さらに息子フラーヴィオを自分の面前で殺す、という悲壮な決意。グリモアルドもこの捨て身の提案は受けられない。

　失望して城外の田園を放浪中のベルタリードは、義理の妹エドヴィージェとウヌルフォに遭遇、ロデリンダの真意を聞かされる。妻と息子の解放を願い、ロデリンダと再会を果たすが、グリモアルドに発見されてしまい、別々に投獄される。

　[第3幕] エドヴィージェが手に入れた鍵を使って、エドヴィージェはロデリンダを、ウヌルフォはベルタリードを脱獄させる。暗闇で誤ってベルタリードはウヌルフォに軽傷を負わせてしまうが、その血痕を見てロデリンダは夫が死んだものと勘違いする。ガリバルドはベルタリードを処刑するようグリモアルドに進言するが、グリモアルドは生きているベルタリードを殺してもロデリンダの愛は得られないと気付き、罪の意識にさいなまれるようになる。優柔不断となったグリモアルドに業を煮やしたガリバルドはその寝首をかこうとするが、現われたベルタリードに斃される。グリモアルドは叛臣から助けてくれたベルタリードに感謝して王位を返上し、エドヴィージェと復縁する。ベルタリードとロデリンダ、王子フラーヴィオは再び結ばれ大団円となる。

■背景と解釈・・・ イギリスではプロテスタントによる清教徒革命(1649)、カトリック色の濃い王政復古(1660)を経て、1688 年にはカトリックのジェイムズ2世(位1685-88)が大陸へ亡命して(名誉革命)、以後はプロテスタントの国王が治めることとなった。まずはジェイムズ2世の娘メアリー2世(位 1688-94)が、夫のオレンジ公ウィリアム(英国王ウィリアム3世,位 1688-1702)とともに共同統治することになり、この夫妻の没後を継いだのも、ジェイムズ2世の娘でメアリーの妹アンだった(位 1702-14)。アン女王は早くに息子を失っていて彼女の死とともに、スチュアート家直系の後継ぎは途絶え、血縁とプロテスタントという条件からハノーヴァー選帝侯ゲオルク侯が英国王ジョージ 1 世(位1714-27)としてイギリスにやってきたが、いかにも遠縁であり、英語も話さない新国王の人気は低かった。一方で名誉革命で亡命したジェイムズ2世(1701 没)の子孫は、子のジェイムズ・スチュアート(老僭王)に孫のチャールズ・スチュアートも生まれ、血統は続いており、カトリックであっても正統な血筋の王家の復権を望む声も高かった(ジャコバイト派:James の大陸名はJacob であり、ジェイムズ王党派の意)。

「放浪中の王が本来の王であり、現在の支配者は王妃と結ばれることはなく、王の帰還後は自分の分をわきまえた地位に退く」というストーリーは、「イギリスから逃れているカトリック亡命王朝が正統な王であり、ジョージ 1 世は英国民に受け容れられることはなく、亡命王朝が復権の際にはもとのハノーヴァーに戻るべきだ」というジャコバイト派の主張と読むことができる。

ヘンデルのオペラの多くでは、翻弄されるヒロインは英国または英国民を指し、最後に結ばれるのが本来の(台本の主張する)王である。《ロデリンダ》でいえば、女王ロデリンダが英国または英国民、ベルタリドが老僭王ジェイムズ、グリモアルドがジョージ1世、その許嫁エドヴィージェがハノーヴァー領(もしくはドイツ全般)、横から簒奪を狙うガリバルドがフランス、グリモアルドに仕えつつベルタリドに通じるウヌルフォが、老僭王に近いトーリー党と読むことができる。

しかしこうした主張は国王派から危険思想として弾圧される可能性もなくはなかった。つい数十年前まで革命や粛清がいくらも行なわれていた国である。そこで、潜伏中のベルタリドは、大陸にいる時間の長かったジョージ1世のことである、という言い訳ができるよう

な曖昧さも残した玉虫色の台本となっている。ヘンデル時代の台本の特徴である。

■作曲と初演・・・ ヘンデルは1724年の12月に作曲に着手し、年明け1725 年1月20 日に完成、同年2月 13 日にヘイ・マーケット(現在のピカデリー・サーカスの近く)のキングズ・シアターで初演した。

キャストでは、ロデリンダ役にプリ・マドンナの名をほしいままにしていたフランチェスカ・クッツォーニ(《ジュリオ・チェーザレ》(1723)ではクレオパトラ役)、ベルタリードにカストラートのセネジーノ(《ジュリオ・チェーザレ》ではチェーザレ役)、グリモアルドには前年の《タメルラーノ》(1724)のバヤゼット役でロンドン・デビューしたフランチェスコ・ボロジーニ、ガリバルド役にはイタリア時代から旧知のジュゼッペ・マリア・ボスキといったスター歌手を揃えた盤石の布陣で臨んでいる。

ロデリンダ	フランチェスカ・クッツォーニ(ソプラノ)
ベルタリード	'セネジーノ'(カストラート)
グリモアルド	フランチェスコ・ボロジーニ(テノール)
エドヴィージェ	アンナ・ヴィンチェンツァ・ドッティ(メゾ・ソプラノ)
ガリバルド	ジュゼッペ・マリア・ボスキ(バス)
ウヌルフォ	アンドレア・パチーニ(カストラート)

初演時に 14 回連続上演を果たしていて、十分な成功を収めたと言えるだろう。もっともこの時代の成功・不成功は芸術的な意味というより、その政治的な内容によるところも多いのだが。

■《ロデリンダ》 その後・・・ 《ロデリンダ》は初演の次のシーズンにあたる同年12月と1731年に再演され、それぞれ8回上演されている。その後ヘンデルは1741 年にオペラの作曲・上演から撤退してオラトリオに専念している。政治的・思想的主張の受け皿もイタリア・オペラからオラトリオに移ったこともあり、ヘンデルのオペラは以後20世紀まで舞台から姿を消すことになる。

第一次世界大戦(1914-18)後のドイツ、ゲッティンゲンから始まった「ヘンデル・ルネサンス」では《ジュリオ・チェーザレ》、《オットーネ》、《セルセ》など4作品が1920〜24 年にかけて取り上げられ、その後のヘンデル・オペラの普及につながったが、そこで最初に上演

されたのが《ロデリンダ》(1920)だった。カストラート役を1オクターヴ下のバスが歌ったり、女声アルトがズボン役で歌う、といった変更だけでなく、曲順を大きく入れ替えてストーリーまで変わるという大きなデフォルメを伴った上演ではあったが。

その後1980年代からは古楽ブームに乗って、ヘンデル・オペラの代表作の一つとして主要なレパートリーとなり、ヨーロッパ各地の劇場やニューヨーク・メトロポリタン歌劇場などでも上演されるようになっている。

■《ロデリンダ》 作品の特徴

まず何と言っても《ロデリンダ》は、台本も音楽も至ってシリアスなのが特徴と言えるだろう。ヘンデルのオペラが政治との関わりの中で書かれていることは上述の通りだが、その多くでは批判する相手を揶揄するような滑稽な場面を含むことが多い中で(以前の《アグリッピーナ》や《リナルド》でも顕著)、第1次国王音楽アカデミーの中期——《ジュリオ・チェーザレ》、《タメルラーノ》、《ロデリンダ》——では、そうした滑稽な場面が少ない。

これら3作品はいずれもジャコバイト派——現国王ジョージ1世よりも、ジェイムズ2世の子孫である亡命王朝を支持する——のオペラだが、ジョージ1世への反感や不人気が広がっている時期はあからさまな揶揄も可能だったのに対し、ハノーヴァー朝が安定期に入ってからは、王家批判も穏当に真面目にやらざるを得なかったのだろう。悪役である筈のグリモアルド(ジョージ1世)も後半では自分の横暴を恥じ、本来の王ベルタリードに王位を譲り臣従する(亡命王朝を正統な王家と認め退位する)ことで尊厳を保った。こうすることで現王朝も尊重した論調にしている。

タイトル・ロールのロデリンダは亡夫(と思っている)ベルタリードへの貞節を守り、王妃としての尊厳も保つ、誇り高い女性として描かれ、彼女の悲痛な歌が続く。これは抒情的なゆったりとした歌を得意としたフランチェスカ・クッツォーニの特質を最大限に活かすことになった。《ジュリオ・チェーザレ》のクレオパトラは陽気で天真爛漫な面も持っていたが、ロデリンダにはそうした要素は微塵もない。第1幕冒頭の〈愛する夫を失い〉からして悲痛さがあふれ(これはダ・カーポのないアリオーソ形式)、第2幕第6場で夫の生存を知り、帰還を望むアリア〈帰ってきて下さい〉でその切ない気

持ちは頂点に達する。クッツォーニの特性を熟知したヘンデルの手腕が光る。終幕(第3幕第9場)、夫の復位が成ったことを喜ぶアリア〈私の大切な大切な方〉ではメリスマや跳躍なども盛り込んで、プリマドンナが見せたい技巧的な側面も披露させている。

正統な王ベルタリード(カストラート、セネジーノ)もシリアスだ。それは第1幕第6場のアリア〈どこにいるのか、愛する妻は〉や、第2幕第5場のアリア〈小川と泉がざわざわと呟いて〉(これはシチリアーノ)で顕著だ。第3幕第3場では、まずアリオーソ〈より不実だったのはお前たちのどちらだ〉で投獄された身の上を嘆くが、反撃のための短剣が牢に投げ入れられると、合奏付きレチタティーヴォ〈向こうの燭台から私の足許に〉で一気に勇気を奮い立たせて、王者の顔を見せる。あらゆる曲想を歌いこなしたセネジーノにもこのオペラでヘンデルは深刻な面を強調させているが、その後王位奪還を決意する第3幕第5場のアリア〈猛獣は鎖で足を縛られると〉では、延々と続くメリスマで技巧を披歴させることも忘れていない。

王位簒奪者のグリモアルド(テノール、ボロジーニ)は第1幕では支配欲に駆られているが、王妃ロデリンダの貞節さ、高潔さの前では、内省的にならざるを得ない(第2幕第4場のアリア〈この魂は苦悩に囚われている〉)。第3幕第6場では、自分が王者の器でないことを悟り、王位簒奪に走ったことを猛省する(合奏付きレチタティーヴォ〈胸は地獄と化した〉〜アリア〈羊飼いはわずかな家畜を追いながら〉)。ここでは暴君までもシチリアーノに取り込まれる。

力づくで王妃ロデリンダを奪おうとするガリバルドは横柄で乱暴だが、それも暗い。許婚者グリモアルドに裏切られたベルタリードの妹エドヴィージェもまた悲劇の人物…。こうして一貫してシリアスなストーリーが出来上がっている。

作品全体としてはダ・カーポ・アリアを中心としていて、ヘンデル諸作の中でも最もナポリ派オペラ・セリアの形式を忠実に保った作品と言えるだろう。冗長さに陥りがちなダ・カーポ・アリアだが、《ロデリンダ》のアリアは旋律美にあふれていて、反復部分に名人芸の装飾が加われば飽きることはない。むしろダ・カーポを十分に味わえる作品となっている。要の場面では合奏付きレチタティーヴォ(アッコンパニャート)が効果的に使われている。

登場人物が少ない中で、人物間の緊密なやり取りも見逃せない。レチタティーヴォでの緊迫したことばの応酬、要所を締める二重唱なども聞きどころだ。

ロンドン・デビュー作《リナルド》、スペクタクルな《ジュリオ・チェーザレ》と賑やかで派手なオペラでイギリスの舞台に登場したヘンデルだが、40歳となって到達したシリアスな新境地を《ロデリンダ》の中に見ることができよう。

三ヶ尻 正 （みかじり ただし）
日本ヘンデル協会会員

Personaggi
登場人物
（初版本から）

Attori del Drama	役名と役柄	初演時の歌手
RODELINDA Regina de'Longobardi è moglie di Bertarido.	ロデリンダ　ロンゴバルド人たち*の王妃 ベルタリードの妻	Signora Cuzzoni クッツォーニ女史
BERTARIDO scacciato dal soglio da Grimoaldo.	ベルタリード　グリモアルドに王座を追われた ロンゴバルドの王	Signor Senesino セネジーノ氏
GRIMOALDO Duca di benevento promesso sposo di Eduige	グリモアルド　ベネヴェント**の公爵 エドヴィージェの許婚者	Signor Borosini ボロジーニ氏
EDUIGE　Sorella di Bertarido	エドヴィージェ　ベルタリードの妹	Signora Dotti ドッティ女史
UNULFO　Signor Longobardo Consigliere di Grimoaldo, ma segreto amico di Bertarido	ウヌルフォ　ロンゴバルドの貴族で グリモアルドの顧問 しかしベルタリードと秘かに通じている	Signor Pacini パチーニ氏
GARIBALDO Duca di Turino, Rubello di Bertarido, ed amico di Grimoaldo.	ガリバルド　トリーノの公爵 ベルタリードに対する反逆者であり グリモアルドの友人	Signor Boschi ボスキ氏
La Scena si finge in Milano nel Palazzo Reale	場面はミラノ王宮内を 舞台にしている	

*　6世紀から8世紀にかけて北イタリアから中部イタリアを支配してロンゴバルド（ランゴバルド）王国を築いたゲルマン系の種族。 ここは厳密には「ロンゴバルド人たちの王妃」という表現になる。なぜならば longobardo とは 1)形容詞「ロンゴバルドの」、2)名詞「ロンゴバルド族、ロンゴバルド人」という意味だからである。

**　8世紀頃にイタリア南部カンパーニア地方に築かれた公国。現在もこの名の都市がある。

《ロデリンダ》人物関係図

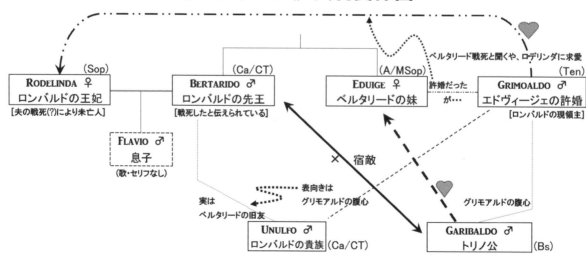

"RODELINDA"　　　《ロデリンダ》

Atto I　SCENA I　　　第1幕　第1場

Appartamenti di Rodelinda. Si vede Rodelinda
a sedere piangente; e poi Grimoaldo, e Garibaldo
con Guardie.

ロデリンダの部屋。ロデリンダが座って泣いているのが見える。
そこへグリモアルドとガリバルドが
衛兵たちをともなってやって来る。

Rodelinda

　Ho perduto il caro Sposo

　　E quì sola alle sventure

　　Vie più cresce il mio penar.

　Che farò？　Morir non oso

　　Che a me resta ancor il figlio,

　　E periglio è lo sperar.

Grim. Regina？

Rod. Grimoaldo,

　Nel mio presente stato, ingiurioso

　M' è il Nome di Regina

　Da te, che m' involasti e Regno, e Sposo.

Grim. E Regno, e Sposo appunto

　A renderti vengh' io.

Rod. Come？　　[Si leva da sedere.

Grim. Fin tanto.

　Che visse Bertarido il tuo Consorte

　Ti celai, Rodelinda, il foco mio;

　Or, che la di Lui morte

　Giustificò le mie speranze, aperte

　Vedi Le fiamme mie.

Rod. Che sento: a te non basta

　Regno e sposo involarmi, insidi ancora

　Perfido la mia Gloria？

' **Grim.**[1]' E che Signora

　' Oscuran la tua Gloria i miei Sponsali？

' **Rod.** Se lo scettro rapito

　' A tal prezzo mi rendi,

　' Tu non me 'l doni no, ma tu me 'l vendi.

　' Serbalo a mia Cognata; a lei giurasti

　' Con la fede di Sposo i danni miei.

' **Grim.** Per Eduige, è vero

　' Io ti tolsi l' Impero, o[3] per te amore

　' A lei toglie, ed a me, l' Impero, e il Core.

ロデリンダ
愛する夫を失い、
　　ここに一人　不運を嘆き
　　苦しみはつのるばかり。
どうしたらよいのだろう？　死ぬことはままならぬ。
　　私には　まだ息子が残されている、
　　だから死を望むなどは危険なことだ。

グリモアルド　王妃さま？

ロデリンダ　グリモアルド、
　　私の現状において
　　王妃さまと呼ばれるのは侮辱です。
　　私から王国と、夫まで奪っておきながら。

グリモアルド　その王国と夫を
　　あなたにお返しするために私はここに参りました。

ロデリンダ　なんですって？　　　　　　　　　　[立ち上がる。

グリモアルド　あなたの夫ベルタリードが
　　まだ存命のうちは、ロデリンダよ、
　　私は自分の燃える思いを秘めておりました。
　　いまや　その方が亡くなられたからには、
　　この思いは不当なものではなくなりました。
　　ご覧ください、私のこの率直な燃える炎を。

ロデリンダ　なんということを。　あなたは
　　私から王国と夫を奪うだけでは足りず、
　　卑劣にも　私の尊厳まで脅かすのですか？

グリモアルド　それではご婦人よ、私との結婚が
　　あなたの尊厳を損なわせると言われるのですか？

ロデリンダ　奪われた笏杖を
　　そういう代価で私に返すのだとすれば、
　　あなたはそれを私に贈るのではなく、それを私に売るのです。
　　笏杖は義妹に取っておかれるがよい。あなたは、
　　彼女の夫となって私を廃位に追いこむと彼女に誓ったのです

グリモアルド　エドヴィージェ[2] のために、たしかに私は
　　あなたから国を奪った。しかしいまや愛が　あなたのために、
　　彼女から国を、私からは心を奪うのです。

---

1 行頭についているこの印「'」は省略可の印で、初演時にその行は省略された可能性がある。邦訳側には付けていない。

2 Eduige は日本語表記としてエドゥイージェとするか　エドヴィージェとするか迷った。古くはＵとＶは同じに使われたからである。しかし
　　調べてみると、女性の名前で v で Edvige と記されたものがあるために（La PiccolaTreccani）、ここではエドヴィージェ と表記した。
　　ちなみに原文に付属の英語対訳では Edwig と記されている。

3 これは o（あるいは）ではなく or（＝ora いま、いまや）の誤記と考えた。I Libretti Italiani di Georg Friedrich Händel e le Loro Fonti;
　　L.Bianconi, Firenze, Olschki 1992 を参照。以下 Bianc. と記す。

<u>Rod.</u> No, io già rifiuto il dono,

Lasciami la mia Gloria, e tienti il Trono

L' empio rigor del Fato

Vile non potrà farmi,

Se misera mi fe.

E'**4** tu crudo spietato

In van tenti placarmi

Se m' hai legato il piè.

L' empio, Ecc.　[Parte.

ロデリンダ　いえ　グリモアルド、贈り物はすでにお断りしています。

私の尊厳はそのままに、王座はあなたが維持なされればよい。

運命の残酷の厳しさが

たとえ私を惨めにしても

私を卑屈にすることはできない。

残酷で心ない　あなたが、

たとえ私の足を縛っても

私をなだめるのは無駄なこと。

運命の・・・　[退場

SCENA II
Grimoaldo e Garibaldo

<u>Grim.</u> Duca: Vedesti mai più bel disprezzo ?

<u>Gar.</u> Io della tua non vidi, o mio Signore

Sofferenza Maggior.

<u>Grim.</u>　Temo irritarla:

La pace del mio Sen

Eduige combatte, e Rodelinda;

Questa con l' odio, e quella con amore.

<u>Gar.</u> L' una e l' altra domar puoi co 'l rigore.

<u>Grim.</u> Come ?

<u>Gar.</u> Il Nojoso affetto

Disprezza d' Eduige; e Rodelinda

Ti paventi, e ti adori a suo dispetto.

<u>Grim.</u> Io non ho tanto Core.

<u>Gar.</u> A me l' Impresa

Ne lascia, e in breve spera

Di vederla men fiera;

<u>Grim.</u> Ecco Eduige.

<u>Gar.</u> Da lei comincia intanto

A porre in opra il mio Consiglio.

第1幕　第2場
グリモアルドとガリバルド

グリモアルド　公爵よ　これ以上の侮辱を受けたことがおありか？

ガリバルド　あなたほどの忍耐を、おお　あなた、

私は見たことはありません。

グリモアルド　彼女を苛立たせるのが怖い。

私の心の安らぎに

エドヴィージェが、ロデリンダが挑む。

一人は憎悪をもって、一人は愛をもって。

ガリバルド　二人とも手厳しく屈服させられますよ。

グリモアルド　どうやって？

ガリバルド　エドヴィージェの厄介な愛は軽蔑し、

ロデリンダには　あなたに恐れを抱かせて、

どうあっても彼女にあなたを愛させるのです。

グリモアルド　私にはそんな勇気はない。

ガリバルド　私にその仕事を

お任せ下さい。ご期待なさい

彼女はすぐに折れますよ。

グリモアルド　おお　エドヴィージェが来た。

ガリバルド　とりあえずは彼女から始めることです、

私の忠告を実行に移して。

SCENA III
Eduige e detti

<u>Ed.</u> E tanto

Da che sei Re, sei divenuto altiero

Infido Grimoaldo?

<u>Grim.</u> Da che son Re, son divenuto infido

Per esser giusto. ' Tu l' ire accendesti

' Che con la morte pur di Gundeberto

第1幕　第3場
エドヴィージェと　すでに登場の人物

エドヴィージェ　王になられてからというもの

あなた、尊大になられたのね、

冷たいグリモアルド？

グリモアルド　王である以上は　公正であるために

冷たくなったのだ。あなたはあの憎しみに火を注いだ。

グンデベルト様**5**が死なれたことによって、天が

---

4 この E は and である。ここに見られる記号のようなものはいらない。

5 グンデベルトはベルタリード（ロデリンダの夫）の兄弟である。オペラ前段の話として、彼ら兄弟の父親が死ぬと、領地争いでグンデベルトはベルタリードに戦いを挑み、負傷してやがて死ぬ。その時ベネヴェントの公爵グリモアルドに、ロンゴバルド王国の全土を掌握してその王となることを条件に、自分の妹（つまりベルタリードの妹でもある）エドヴィージェと結婚するようにと遺言する。パヴィアに王国を構えていたグンデベルトは志半ばにして死を迎えることとなったために、その意志（ロンゴバルド王国全土掌握）をグリモアルドに託したのである。これがこのオペラに見る争いの原因となっている。

' Il Cielo avea fra tuoi Germani estinte:

' Per te chiamate le nostr' armi, e spinte

' Fur contro a Bertarido; per te il soglio

' Fu da me tolto a Rodelinda; e Amore

' Che di lei m' invaghì, veder l' orrore

' Mi fe del tuo superbo ingiusto orgoglio;

' **Ed.** Ma di Sposo la fe, che a me giurasti ?

<u>Grim.</u> T' offersi la mia mano, e la sdegnasti.

M' offri adesso la destra, e la rifiuto:

Ora soffrilo in pace,

Al Trono io vuò chiamar chi più mi piace.

　　Io già t' amai, ritrosa

　　　　Sdegnasti esser mia sposa

　　　　Sempre dicesti: No

　　Or ch' io son Re, non voglio

　　　　Compagna nel mio Soglio,

　　　　Aver chi mi sprezzò.

　　　　　　Io, Ecc.　[Parte.

SCENA IV
Eduige e Garibaldo.

<u>Ed.</u> E tu dici d' amarmi ? hai core, hai brando

E in tanto odi, e sopporti

I miei scherni, i miei torti ?

<u>Gar.</u>　Signora, in questo istante

Io volo ad ubidirti, e la vendetta

Col teschio del fellon　[vuol partire.

<u>Ed.</u> No; ferma, aspetta. 'Ah che pentito

' Vederlo a piedi miei

' Garibaldo, il vorrei più che punito.

' <u>Gar.</u> A me così favelli ? E serbi ancora

' Amor per chi ti sprezza ?

' <u>Ed.</u>　No, no; Duca, e tu credi

' Così vil questo Core

' Che tornasse ad amar quel Traditore ?

Supplichevole in atto a me davante

Chieda il perdono, e non l' ottenga mai.

<u>Gar.</u> E pensi di poterlo ? E lo farai ?

　<u>Ed.</u> Lo farò; dirò spietato

　　　　Porta altrove un cor sì ingrato

　　　　Sì spergiuro, e Traditor.

　　　Ed a te rivolta poi

　　　　Ti dirò su gli occhi suoi,

　　　　Tu sei 'l core del mio Cor.

　　　　　Lo, Ecc.　[Parte

あなたの兄たちの間にあった憎しみを収めていたというのに。

あなたのために わが軍は招集され、ベルタリードと

戦わされた。あなたのために私は王座を

ロデリンダから奪った。しかし

私を魅了したロデリンダへの愛が私に見せてくれたのだ、

あなたの傲慢で不当な驕りの恐ろしさを。

エドヴィージェ でも、あなたが私に誓った夫としての忠誠は？

グリモアルド　手を差し伸べたが、あなたはそれを蔑んだ。

今になって私に手を伸べても、お断りだ。

まあ あきらめてくれ。

王座にはもっと自分に好ましい女を招くのだ。

　　かつては あなたを愛したが、あなたは頑なで、

　　　　私の妻になることを蔑み

　　　　常に だめです と言って拒絶した。

　　いまや私は王である。嫌なのだ

　　　　私を蔑んだ女など

　　　　王座の伴侶にすることは.

　　　　　　かつては・・・　［退場

第1幕　第4場
エドヴィージェ と ガリバルド

エドヴィージェ あなた、私を愛するっておっしゃるの？

あなたは勇気もあり、剣も帯びていらっしゃる。それなのに

私が受けた嘲りや侮辱を聞いていながら、

　　　　黙って見ていらっしゃるだけなの？

ガリバルド　ご婦人よ、ただちに

あなたの言いつけに従いますとも。仇を討ってやります、

あの薄情者の首をとって。　　　　　　　［退場しようとする。

エドヴィージェ いえ、ちょっと待って。ああ、とても残念だわ

私の足許にあの人の首を見るなんて。

ガリバルド、罰せられる以上のことをしてやりたいの。

ガリバルド　私にそんなことを言われるのですか？

あなたを軽蔑した人間に まだ未練があるのですか？

エドヴィージェ いえ いえ公爵、お思いですの？

私の心がそんなに卑屈だと、

あの裏切り者をまた愛するほどに？

私の目の前で、嘆願して言わせてやるの、

どうか許してくれって。そして絶対に許してやらないの。

ガリバルド　そんなことできるとお思いですか？できますか？

エドヴィージェ できますとも。言ってやるわ、薄情者、

　　　　どこへなりと持って行け、そんな恩知らずの

　　　　嘘つきの心など、この裏切り者がって。

　　　それから あなたの方に向いて

　　　　あなたに言うの、あの人の目の前で、

　　　　あなたは私の心の心ですって。

　　　　　　　できますとも・・・［退場

SCENA V

Galibardo solo.

Gar. Eduige, t' inganni;

Io della tua Corona amante sono,

E sol con le tue Nozze

Cerco un pretesto per salire al Trono;

Di Cupido impiego i vanni

Per salire al regal soglio

Mentr' ei solo alletta il Cor.

Copro amor d' ascosti inganni

Perché a me sarebe scoglio

Ogni affetto adulator.

Di, Ecc.   [Parte.

第1幕　第5場

ガリバルド一人

ガリバルド　エドヴィージェ、お前は誤解しているよ。

俺はお前の王冠を愛する者なのさ。

だから ただお前と結婚して、

王座に登る口実を作りたいだけなんだ。

王座に登るために

俺はクピード**6**の羽根を使う。

それはただ心をくすぐるだけのもの。

俺は愛を、目には見えない策略で包む。

媚びへつらいの愛なんぞ

俺には波に隠れた岩礁のようなものなのさ。

王座に登るために・・・　[退場

SCENA VI

Bosco di Cipressi, in cui si vedono i Sepolcri de' Re de' Longobardi e tra essi ultimamente erretta l'Urna di Bertarido.

Bertarido vestito all' ungara e poi Unulfo

Ber. Pompe vane di Morte,

Mensogne di dolor, che riserbate

Il mio volto, e 'l mio Nome, ed adulate

Del Vincitor Superbo il genio altiero,

Voi dite ch' io son morto,

Ma risponde il mio duol, che non e vero.

[legge l' Iscrizione.

—Bertarido fu Re; da Grimoaldo

—Vinto fuggì; presso degli Unni giace;

—Abbia l' alma riposo, e 'l cener pace.

Pace al cenere mio?   Astri Tiranni !

Dunque finch' avrò vita

Guerra avrò con gli stenti, e con gli affanni.

Dove sei amato bene

Vieni l' alma a consolar;

Sono oppresso da tormenti,

Ed i miei crudi lamenti

Sol con te posso bear.

Dove,   Ecc.

第1幕　第6場

糸杉の森。そこにロンゴバルド**7**の王たちの
墓所がいくつも見える。それらの中に、
最近建てられたベルタリードの墳墓がある。

ハンガリー人の服を着たベルタリード。やがてウヌルフォ。

ベルタリード　死の虚しい儀式、

偽りの嘆き。そうしたお前たちが

私の顔と名を覆い隠し、尊大な勝利者の

傲岸な本性を ほくそ笑ませている。

お前たちは私が死んだと吹聴する。

しかし私の苦悩が、それは嘘だと答える。

[墓碑を読む。

——ベルタリードは王であった。グリモアルドに

——敗れ逃走し、フン族**8**の地に眠る。

——魂よ 休息し給え。そして遺灰よ 安らかに。

私の遺灰に安らかにだと？ 残酷な天命だ！

それならば 生きている限り

窮乏と苦悩に耐えて戦おう。

どこにいるのか、愛する妻は。

魂を慰めに来てほしい。

私は苦悩に打ちひしがれている。

この残酷な苦しみは

お前をもってしか癒せない。

どこにいるのか・・・

---

6 キューピッドのこと。

7 ロンゴバルドとは東ゲルマン諸族の一族といわれ、5世紀半ば頃からイタリアに侵入し、8世紀にかけて現在のロンバルディア州一帯を中心に、ほぼイタリアの全域にわたってロンゴバルド王国を築いたといわれる。従って「ロンゴバルドの王たちの墓」とは、このオペラの登場人物たちの父祖の墓ということになろう。

8 フン族とは定説はないそうだが、トルコ系遊牧諸民族の集団であったとの説もあり、ヨーロッパに侵入して5世紀半ばに今日のハンガリーを中心とする地帯に一大帝国を建設したと言われる。このオペラでいう「フン族の地」とは現在のハンガリー地方を指していると思われる。

Ma giunge Unulfo, Oh dio !

Deh ! mio fedel consenti—[vuol abbracciarlo.

Che queste braccia avventi.

Unul. Ah mio Signore, [Unulfo non lo permette.

Se del Fato il rigore

A te rapì lo scettro, a me non tolse

Quel rispetto che deve

Un suddito fedele al suo Sovrano;

Ferma e sol mi concedi

Che pegno del mio ossequio in questa mano

Un umil bacio imprima,   [Gli bacia la mano.

E l' antica mia fede

E 'l mio nuovo servaggio in esso esprima.

Bert.**9** Se un sì fedele Amico

Trovo tra le sventure,

L' istesse mie sciagure io benedico.

Ma dimmi: La mia Sposa

Rodelinda, che fa ?   che fa il mio figlio ?

Unul. Ciò che sorte sdegnosa

Non puotè**10**mai, puotè dal suo bel Ciglio

Trar due rivi di pianto

Il falso aviso di tua Morte.

Ber. Oh Dio !

Né le scopristi Unulfo il viver mio ?

Unul.   Io vuò che 'l tuo**11**dolore

Accrediti l' inganno; e a te conviene

Celarti ancora.

Bert.   Amante Cor, che pene !

' Pensa con qual Rigore

' La tratta il Vincitore, e l' orgogliosa

' Mia sorella Eduige, or ch' è Regina.

' Unul. Regina ? No, di Grimoaldo sposa

' Ancora ella non è.

' Ber.   Per qual cagione ?

' Unul. L' Amor di Grimoaldo

Rivolto a Rodelinda a ciò s' oppone.

' Ber. Ciel ! Perché non son io morto da vero ?

' Unul. Perché ?

' Ber.   Sciolta d' impegno.

' Rodelinda potea

' Ricuperar la sua grandezza, e 'l Regno

' Unul.   Troppo fida, e costante

' Nel suo primiero Amore

おや ウヌルフォだ。おお神よ！

やあ！我が忠実なる者よ どうか―― ［抱擁しようとする。

この腕を投げかけさせてくれ。

ウヌルフォ ああ ご主人さま、［ウヌルフォ、それを許さない。

運命の苛酷さが あなたから

笏杖を奪ったとしても、忠実な僕(しもべ)が

主上にたいして捧げるべき尊敬を

私から奪ったわけではありません。

おやめください。そしてただ私にお許し下さい、

恭順の証として このお手に

慎ましい口づけをさせていただき、 ［手に接吻する。

私の古くからの忠誠と、新たな僕(しもべ)となりましたことを

口づけにより示させていただきますことを。

ベルタリード この不運の中で

このように誠実な友を見出すのなら、

この身の災難も祝福したいものだ。

ところで教えてほしい。私の妻ロデリンダは

どうしておるか？ 息子はどうしておるか？

ウヌルフォ 尊大な運命でさえ

決してなし得ませんでしたのに、

あなた様の死という偽りの知らせは

奥方さまの美しいお目から二筋の涙を流させております。

ベルタリード なんということだ！

ウヌルフォよ、私が生きていることを告げてはいないのか？

ウヌルフォ 奥方さまの悲しみが、偽りを

真実めかしておりますのがよろしいかと、そしてあなた様には

まだ隠れておられるのがよろしかろうと存じます。

ベルタリード 愛する心には 何という苦しみだ！

考えても見てくれ、勝利者と

いまや王妃となった妹のエドヴィージェが

いかに厳しく妻にあたっているかを。

ウヌルフォ 王妃？ いえ あの方は

まだグリモアルドの妃にはなっておられません。

ベルタリード どういう理由でかね？

ウヌルフォ グリモアルドの愛はロデリンダ様に向けられており、

ロデリンダ様はそれに逆らっておられます。

ベルタリード 何と！ なぜ私は本当に死んでいないのか？

ウヌルフォ なぜとは？

ベルタリード 結婚の しがらみ から解放されれば、

ロデリンダは自分の尊厳と

王国を取り戻せる。

ウヌルフォ あの方は最初の愛に

実に誠実で操は固く、

---

9 原文の人物表示で Bertarido は Ber.のときと Bert.のときがあるが、同一人物である。

10 puote は古語、詩語で、potere の3人称現在形である。アクセント記号は必要ない。単語としてのアクセントは e ではなく o にある。

11 ここは suo（彼女の、すなわちロデリンダの）であろう。 tuo だとベルタリードのことになり つじつまが合わない。ここでは Bianc.を参照
して suo と考え、「奥方さまの」と訳した。

' Disprezza il Vincitor, benché Regnante.

Ber. Cara. Ma che veggi'o ?

Unulfo, ecco la Sposa, e 'l figlio mio.

Lascia amico, ch' io stringa——

Unul. Oh dio ! Signore

Non voler, ch' il tuo amore

Tradisca la tua sorte.

Ber. Ah ! lascia almeno

Dopo sì lungo esiglio

Lascia, che a questo seno

Stringa la Sposa, e porga un bacio al figlio.

Unul. Per goderli un momento

Vuoi perderli per sempre ?

Ber. Ah ! che tormento !

Unul. Ritirati mio Re.

Ber. Tu vuoi, ch' io mora

Unul. No; ti nascondi, e soffri un poco ancora

[Si ritirano.

ベルタリード　愛する妻よ。おや、なんということだ？

ウヌルフォ、ほら、妻が、息子が、来るではないか。

友よ、彼らを抱擁させて——

ウヌルフォ　ああ！　ご主人さま、

あなた様の愛が　ご自分の運命を

裏切るようなことを望んではなりません。

ベルタリード　ああ！　どうか、少なくとも

この長い放浪の末に

どうか、この胸に

妻を抱き、息子に口づけをさせてくれ。

ウヌルフォ　ご自分が一瞬　あの方々を喜び迎えるために

永遠にあのお二人を失うおつもりですか？

ベルタリード　ああ！　なんという苦悩！

ウヌルフォ　我が王よ、お身をお引きになって。

ベルタリード　君は私に死んでほしいのだ。

ウヌルフォ　違います。隠れて下さい。いま少し辛抱なさって。

[二人、脇に退く。

SCENA VII

Rodelinda, che tiene per mano Flavio, e detti in disparte.

第1幕　第7場

ロデリンダ。彼女はフラーヴィオの手を引いている。
離れてベルタリードとウヌルフォ。

Rod. Ombre, piante, Urne funeste,

Voi sareste

Le delizie del mio sen;

Se trovassi in voi raccolto

Come il volto

Anco il cener del mio ben.

Ombre, Ecc.

ロデリンダ　ほの暗い蔭よ、木々よ、不吉な墓たちよ。

お前たちは

私の胸の喜びでもあろうに、

もしお前たちの中に、せめて愛する方の遺灰が

お顔のようになって寄せ集められているのを

見出すことができるなら。

ほの暗い蔭よ・・・

Ombra del mio bel sol, che quì d' intorno

All' imagine sua forse t' aggiri

Della Sposa, e del Figlio

Mira il pianto fedel, odi i sospiri

Bert. (Più resister no so.)

Unul. (Frena l' amore.)

Rod. Raccogli i nostri bacj—

[Bacia l' Urna, e la fa baciare a Flavio.

Bert. Deh ! lascia—

Unul. No Signore, osserva, e taci.

私の愛する方の亡霊よ、あなたはここで

きっと　その目に見えない姿で

妻と息子の回りを回っておられるのでしょう。ご覧下さい、

あなたを思うこの涙を。お聞き下さい、この嘆きを。

ベルタリード　（もう我慢できない。）

ウヌルフォ　（その愛を抑えるのです。）

ロデリンダ　私たちの口づけを受け取ってください。

[墓標に接吻し、フラーヴィオにも接吻させる。

ベルタリード　ああ！　放してくれ——

ウヌルフォ　だめです、ご主人さま。ご覧になって、お口を閉じて。

SCENA VIII

Detti, e Garibaldo con parte delle Guardie.

第1幕　第8場

すでに登場の人物と、一団の護衛を連れたガリバルド。

Gar. Bacj inutili, e vani

Porgi alle tombe o Rodelinda, e pure

Tu puoi con essi ricomprarti il Regno.

ガリバルド　役にも立たない無駄な接吻などを

墓にしおって、おお　ロデリンダ。　もっとも

あなたは　それを支払って王国を買い戻すというわけではあるが。

Bert. (Garibaldo il Fellon ?)

Unul. (Frena lo sdegno.)

Rod. Hai delle mie sventure

Perfido, tanto ardir di favellarmi ?

Gar. Grimoaldo ti chiede

Pronta obbedienza, e non contrasto; o stringi

Con le sue nozze il crine alla tua sorte,

O ti prepara—

Rod. A che ? forse alla Morte ?

Non ho più che temer, nè che sperare.

Gar. Non hai più che temer ? Lascia quel figlio.

[Le toglie il Fanciullo.

Bert. (Ah ! scellerato !)

Unul. (Ferma.)

Gar. E 'l suo periglio

Ti renda men superba, e più prudente.

Grimoaldo consente

Di riporre in tua mano or la tua sorte,

Pensa, ed in breve eleggi

O 'l Trono pe 'l tuo figlio, o pur la Morte.

Rod. Perfido, sì t' intendo:

Questo è sol tuo consiglio;

Or via rendimi il figlio   [Si ripiglia il Fanciullo.

Ritorna al tuo Signor, dì, che io mi rendo

e ch' io con le sue nozze, accetto il soglio.

Bert. (Misero: oh imè ! son morto.)

Unul. (Oh Ciel ! che sento !)

Rod. Ma tu per lo spavento

Trema vil Consiglier, Ministro indegno,

Me delle colpe tue Giudice avrai

Io regnerò, Fellon, ma tu morrai.

Morrai sì; l' empia tua testa

Già m' appresta

Un gradin per gire al Trono;

Che dal mio Sposo novello,

Né più bello

So bramar, nè più gran dono.

Morrai, Ecc. [Parte.

SCENA IX

Bertarido, e Unulfo, nascosti, Garibaldo,
Grimoaldo, e Guardie.

Grim. E ben, Duca, Poss' io

All' ardor del Cor mio

Sperar dall' opera tua qualche conforto ?

Gar. Sì; Rodelinda è tua.

Grim. Mi narri il vero ?

ベルタリード （ガリバルドの、あの裏切り者が？）

ウヌルフォ （怒りを こらえて下さい。）

ロデリンダ 冷酷な人、あなたは私の不運について
私に話して聞かせるほど図々しいのですか？

ガリバルド グリモアルドは あなたが
速やかに言うことを聞くことを願っている、抵抗せずに。
彼と結婚して、幸運の 鬣(たてがみ) を自分の運命に結びつけるか、
さもなければ ご用意なさるが——

ロデリンダ 何の用意を？ きっと死への用意を？
私はもう怖くもなければ、何の望みもありません。

ガリバルド もう怖くない？ではその子を手放してもらいましょう。
[彼女から子供を取り上げる。

ベルタリード （ああ！卑劣漢！）

ウヌルフォ （動かないで。）

ガリバルド 息子の危機は
あなたを少しは素直に、もっと慎重にもするでしょう。
グリモアルドはいまや あなたの運命を
あなたの手に返そうとしているのですぞ。
考えられたい、そして即刻 選ばれたい、
息子のために王座を取るか、それとも死かを。

ロデリンダ 薄情者、ええ 分かりましたとも。
あなたの忠告はそれだけですね。
では さあ息子を返してください。   [子供を取り返す。
主人のもとに帰って伝えなさい。私が折れたと。
そして彼との結婚によって、王座の返上に応ずると。

ベルタリード （惨めな！おお！ 絶望だ。）

ウヌルフォ （おお！何という言葉を聞くのか！）

ロデリンダ だがお前は恐怖に 慄(おのの)くがよい。
憶病な助言者よ、役立たずの使者よ。
お前の罪は、私が裁く。
私は主権を握る、裏切り者、お前は死罪だ。

死ぬがよい。その無慈悲な頭は
すでに用意されている、
私が王座に登る踏み台として。
これは私の新しい夫からの、
これ以上望むべくもない
最高の贈り物だ。
死ぬがよい・・・[退場

第1幕　第9場

隠れているベルタリードとウヌルフォ、ガリバルド、
グリモアルド、衛兵たち。

グリモアルド ところで公爵よ、私は
この心の悶えに、
なんらかの慰めを期待できるのかな、あなたの策略から？

ガリバルド いかにも。ロデリンダはあなたのものです。

グリモアルド 本当かね？

Gar. Tu sei felice, ed io, Signor, son morto.

Grim. Morto ? Perché ?

Gar. S' ella racquista il Regno

Giurò tutto il suo sdegno

Scagliar contro di me.

Grim. Scaccia il timore,

Che questo lauro mio

Sarà in difesa tua contro il più crud**12**

Fulmine del suo sdegno, un forte scudo.

Se per te giungo a godere

Puoi temer ?　né sai perché ?

Io d' Astrea do moto al brando

Io comando, Io sono Re.

Se, Ecc.　[Parte con Garibaldo.

SCENA X
Bertarido ed Unulfo

Ber. Unulfo, Oh Dio ! Quella è costanza e vivo ?

Misero, e quella è fede ?

Alle prime minaccie,

Al primo assalto ella si rende, e cede ?

Unul. Converrà farle noto

Signor, che vivo sei.

Bert. No, no.

Unul. Dunque vuoi tu ?——

Ber.　No, che costanza in lei

E 'allor Necessità, non è Virtù.

Unul.　Ah Signor, ti confesso

Ch' io son fuor di me stesso:

Spera conforto; e in tanto

Lascia, ch' io vada così mesto, e solo

A procurar conforto al tuo gran duolo.

Sono i colpi della sorte

Per un Alma invitta, e forte

Aspri, sì, ma non mortali.

Ma se poi gli avventa Amore

Quanto è più nobile un Core,

Più le piaghe son fatali.

Sono,　Ecc.　[parte.

ガリバルド　あなたは幸せです。でも私は、あなた、もう駄目です。

グリモアルド　もう駄目だ？　なぜだ？

ガリバルド　彼女が王国を手にすれば

自分の怒りのすべてを

私に浴びせる、と誓ったのです。

グリモアルド　恐れは捨てろ。

この私の栄光は、

あの女の怒りの　この上ない残酷な矢から

そなたを守る強力な盾となろうから。

そなたのお陰で　この私が幸せを掴むなら、

何を怖がることがあるのかね？　分からないかね？

アストロイア**13**の剣を振るわせるのはこの私だぞ。

命令を下すのは私だ。　私は王であるからして。

そなたのお陰で・・・［ガリバルドとともに退場。

第1幕　第10場
ベルタリード　と　ウヌルフォ

ベルタリード　ウヌルフォ、おお！あれが操というものか？

それでも私は生きているのか？

哀れなものだ、あれが貞節というものか？

最初の脅しで、

最初の襲撃で、たちまちにして降伏し、屈服するとは？

ウヌルフォ　お知らせするのがよろしいかと、

ご主人さま　あなた様の生きておられることを。

ベルタリード　いや、いや。

ウヌルフォ　ではあなた様は？——

ベルタリード　いや、それを知れば　彼女の操は、

美徳ではなく、必然となる。

ウヌルフォ　ああ　ご主人さま　申し上げますが、

私は　いたたまりません。

慰めをご期待ください。さしあたって私を

悲しい気持ちでただ一人、行かせてくださいませ、

あなた様の大いなる苦しみへの慰めを探し求めに。

不敗で強靭な魂への

運命の打撃は

厳しい、確かに。　しかし致命的とまではいかない。

だがそこに愛が絡んでくるならば、

心が気高くあればあるほどに

その傷は命取りとなるものだ

不敗で強靭な魂への・・・［退場

12　正しくは crudo となる。語尾母音の切断はその前の子音が l, m, n, r の時だけである。この crudo は次の行の scudo と
　　韻を踏んでいるはずであり、また切断したことにより音節的にも1音節不足するために切断はできない。

13　ギリシャ神話の正義の女神。

SCENA XI

Bertarido solo

Sì l'nfida Consorte

Mi creda estinto ancora;

Porga al novello Sposo

La fe, che a me, serbò lieve qual fronda,

E sappia allor, ch' io vivo, e si confonda.

    Confusa si miri

      L' infida Consorte

      Che in faccia di Morte

      Così mi deride.

    Con finti sospiri

      E s' agita, e s' ange,

      E morto mi piange

      E vivo m' uccide

          Confusa,　Ecc.

Fine dell Atto Primo

第1幕　第11場

ベルタリード 一人

そうだ、このように不実な妻には

私がまだ死んでいると思わせておけ。

新しい夫に誓うがよい、

私には 木の葉のように軽かったその貞節を。

そして取り乱せばよいのだ、私が生きているのを知って。

　取り乱す己の姿を見るがよい

　　不実な妻よ。

　　お前は死の面前で

　　こんなにも私を嘲る。

　偽りの嘆息をつき

　　動揺し、苦悩して見せ、

　　死んだ私に涙を流し、

　　そして生きた私を殺すのだ。

　　　　取り乱す己の姿を・・・

第1幕　終 わ り

Atto II SCENA I

Sala.

Eduige, e Garibaldo.

Gar. Già perdesti o Signora

Il nome di Regina, e quel di Sposa.

Ed. Non più; che il mio cordoglio

Troppo s' avanza, Oh Dio ! Ma tu per me

Che fai ?   Che pensi ?

Gar. Eduige, assicura

Le mie speranze, e l' Amor mio ti giura

Di sostenere le tue ragioni al Soglio.

Ed. Prometto d' esser tua.

Gar.   A me la fede

Porgi di Sposa, e——

Ed. Come ?

Dunque pria di servir, vuoi la mercede ?

Gar. Con Titolo sì bello

Perdo di Traditore, e di Rubello

L' infame taccia; or via risolvi ?

Ed. Oh Dio !

Se vedessi il Cuor mio.

Gar. Lo vedo ingrata:

Ami chi ti tradì alma spietata.   [Parte.

SCENA II

Eduige, Rodelinda, e Flavio

Ed. Rodelinda, sì mesta

Ritorni a posseder talamo, e Trono ?

Rod. O mesta, o lieta, io sono

Tua Regina se 'l voglio.

Ed. E credi a Grimoaldo ? E credi a quello

Che spergiuro, e rubello

Mancò di fede a Gundeberto, e a me ?

Rod.   Grimoaldo era Duca, ed ora è Re.

Ed. Io, che giel**14** diedi, io saprò torgli il Regno.

Sovra quel capo indegno

Il fulmine vedrai del mio cordoglio,

Cangiar nel tempo istesso

Il suo Lauro in cipresso, in tomba il soglio.

De' miei scherni per far le vendette

Il mio Amore in furor cangerò ;

Ed accesi gli sguardi in saette

Fiero scempio dell'empio farò.

De' miei, Ecc.   [Parte.

---

14 gliel（彼にそれを）の誤記。Bianc.参照

第2幕　第1場

広間

エドヴィージェとガリバルド

ガリバルド　ご婦人よ　あなたはもう

王妃の名も妻としての名も失われたのです。

エドヴィージェ　もう結構です。私の非嘆は

おお神様、もう限界です。で、あなたは私のために

何をしてくださるの？何を考えていらっしゃるの？

ガリバルド　エドヴィージェ、私の望みを

確かなものにしてほしい。私の愛は　あなたに誓います、

あなたが王座につく正当な理由を支持することを。

エドヴィージェ　あなたの妻になることをお約束するわ。

ガリバルド　私に　妻であることの証を

頂きたい。そして——

エドヴィージェ　何ですって？　それでは

あなたは仕事をする前に　報償が欲しいというのですか？

ガリバルド　かくも立派な肩書きを持てば、

裏切り者の名は失い、反逆者との汚名も

沈黙しようもの。　さあ　ほら、どうです？

エドヴィージェ　まあ！

私の心をご覧になれば。

ガリバルド　知っていますよ、厄介な女だ、

あなたを裏切った人を愛せばいい。冷たい女だ。　[退場

第2幕　第2場

エドヴィージェ、ロデリンダ、フラーヴィオ

エドヴィージェ　ロデリンダ、こんなに悲しそうな顔で

新床と王座を得るために戻ってきたの？

ロデリンダ　悲しかろうが嬉しかろうが、私は

あなたにとって王妃です、そうあろうと思えばですが。

エドヴィージェ　グリモアルドを信じていらっしゃるの？

グンデベルトや私への忠誠を裏切った

背信者の反逆者を信じていらっしゃるの？

ロデリンダ　グリモアルドは公爵でしたが、いまや王です。

エドヴィージェ　私は、あの人に王権を与えてやったのだから

それを奪ってやることだってできるのよ。

あの恥ずべき頭の上に

私の嘆きの稲妻を見るといいわ、、

一瞬にして　あの人の栄光は糸杉に

玉座は墓場に変わるのよ。

私を愚弄した仕返しに

私は愛を激怒に変える。

燃える視線を矢につがえ

あの悪人を破滅させてやる。

私を・・・[退場

SCENA III

Rodelinda, e Flavio, Grimoaldo,
Unulfo, Garibaldo, e Guardie.

<u>Grim</u>. Rodelinda, è pur ver?——

<u>Rod</u>. Sì Grimoaldo,

Sì ch' io mi rendo.

<u>Unul</u>. (Oh Ciel !)

<u>Rod</u>. Tu pria m' osserva

Un patto solo, e poi

Sarò qual più mi vuoi, o sposa, o serva.

<u>Gar</u>. a**15**

        Ella vuol la mia testa.

<u>Grim</u>.

<u>Grim</u>. Il tutto chiedi

Fuor che la morte di——

<u>Rod</u>. Di Garibaldo ?

<u>Grim</u>. Appunto.

<u>Rod</u>. Alma sì vile

Del mio nobile sdegno in van paventa.

<u>Grim</u>. Compisci dunque, o cara, i miei contenti;

Giuro tutto esseguir.

<u>Rod</u>.   Vuò, che tu prenda

Nome di scellerato, e d' inumano;

Che sveni di tua mano

Sugli ochi miei questo mio Figlio; e resti

Sepolta in un delitto

Tutta la Gloria tua.

<u>Unul</u>. (Che ascolto !)

<u>Grim</u>. E questi ?——

<u>Rod</u>. Sì, questi sono i sentimenti miei.

<u>Grim</u>. Tu scherzi ?

<u>Rod</u>. No, non scherzo, e non t'inganno:

Io non potrei esser Madre in un tempo

Del regittimo Re, moglie al Tiranno;

E a questo sen pudico

Stringere insieme il Figlio, e 'l suo Nemico.

<u>Grim</u>.   Ah Duca; in questa guisa

Divien mia Rodelinda ?

<u>Rod</u>.   A questo patto

Io t' offro la mia man; pensaci, e vedi,

Ch' essendo tu mio Sposo, io tua Consorte

Io Sposo**16** la vendetta e tu la Morte.

第2幕　第3場

ロデリンダとフラーヴィオ。　グリモアルド、ウヌルフォ、
ガリバルド、そして衛兵たち。

グリモアルド　ロデリンダ、本当なのかね？——

ロデリンダ　はい　グリモアルド
　　　　　　身を委ねます。

ウヌルフォ　（ああ　何ということだ！）

ロデリンダ　私を妻と敬う前に、
　　　　　　一つだけ条件がございます。そうすれば私は
　　　　　　妻だろうが　僕(しもべ)だろうが　あなたのお好みのままになります。

ガリバルド　私の頭を所望するのだ。

　　　　　　　　[ガリバルドがグリモアルドに言う。

グリモアルド　何でも求めるがよい。
　　　　　　　死だけは駄目だが——

ロデリンダ　ガリバルドのですか？

グリモアルド　その通り。

ロデリンダ　なんて憶病な人でしょう。
　　　　　　私の崇高な怒りを　いたずらに怖がっている。

グリモアルド　では　愛する者よ、この私を満足させてくれ。
　　　　　　　望みは何なりと叶えてやろうから。

ロデリンダ　私はあなたに　極悪人、人でなしの
　　　　　　汚名を着ていただきたいのです。
　　　　　　つまり　あなたのその手で、私の目の前で
　　　　　　私の息子を殺し、そうして
　　　　　　あなたの栄光のすべてを
　　　　　　この恐ろしい罪の墓場に葬っていただきたいのです。

ウヌルフォ　（なんという言葉だ！）

グリモアルド　これはまた？——

ロデリンダ　はい、これが私の気持ちです。

グリモアルド　冗談であろう？

ロデリンダ　いいえ　冗談など。あなたを担いだりはしません。
　　　　　　私は正統な王の母親であると同時に
　　　　　　暴君の妻であることはできません。
　　　　　　この慎ましい胸に
　　　　　　息子を抱き、またその敵をも抱くことはできません。

グリモアルド　ああ　公爵よ、ロデリンダは
　　　　　　　こうして私のものになるというのか？

ロデリンダ　この条件で
　　　　　　私はあなたに手を延べます。お考えください。
　　　　　　あなたが私の夫となり　私があなたの妻となることにより、
　　　　　　私は復讐と結婚し、あなたは死神と結ばれるのです。

---

15 ここはガリバルドとグリモアルドが二人で喋っているのではなく、この　a　は[ガリバルドがグリモアルドに（言う）]のト書きであると思われる。Bianc. を参照し、訳文では（一行空きになったが）ト書きとして書き変えた。

16 これは動詞 sposare（結婚する、夫を持つ）の一人称直説法現在なので、本来は小文字である。大文字だと名詞（新婚の夫、婚約者）かとも思われ、文として意味が取りにくい（Bianc.参照）。ちなみにこの初演台本では《ロデリンダ》に限らず、しばしば不必要なところに大文字が使われている。

Unul. (Quanto accorta, e fedel oggi è costei !)

Gar. (Quanto s' oppone a' gran disegni miei !)

Rod.　Spietati; Io vi giurai

　　　Se al mio Figlio il cor donai

　　　Di serbarvi e duolo, e affanno.

　　　Non potrebbe la mia Mano

　　　Stringer mai quell' inumano

　　　Ch' è cagion d' ogni mio danno.

　　　　　Spietati, Ecc.　[Parte.

ウヌルフォ（なんと今の彼女は聡明で貞節であることか！）

ガリバルド（我が大いなる企てに　なんとした邪魔だてか！）

ロデリンダ　　　人でなしどもよ、私はお前たちに誓った、

　　　　　　　　わが子に心を与えてしまったからには

　　　　　　　　お前たちに残るは悲しみと苦悩だけだと。.

　　　　　私のこの手は断じて

　　　　　　　抱くことはできない、

　　　　私の不幸の元凶である　あの非道な人間を。

　　　　　　人でなしどもよ・・・　　[退場

SCENA IV

Grimoaldo, Unulfo, Garibaldo, e Guardie

第2幕　第4場

グリモアルド、ウヌルフォ、ガリバルド、すでに登場の人物

Grim. Unulfo, Garibaldo, in questo seno

　　　Muor la speranza, ch' alimenta amore,

　　　E seco amor non muore, e non vien meno.

Unul. In difesa del Cuore

　　　Deh richiama Signor la tua Virtude.

Grim. Ah ! la gran fedeltà, che in lei risplende

　　　Più m' innamora, Unulfo, e più m' accende.

Unul. Ama dunque in colei

　　　Dell' alma la beltà, non del sembiante.

Grim. Che far di più poss' io ?

Gar. Non ti stupire

　　　D' una vana apparenza:

　　　Accetta il patto, e la vedrai disdire.

Unul.　E col Sangue reale

　　　D' un Fanciullo innocente

　　　Macchiar vorrai ?——

Grim. Non più,

　　　Le voci di Virtù

　　　Non cura amante Cor, o pur non sente.

　　　Prigioniera ho l'alma in pene

　　　　Ma sì bella è la catena

　　　　Che non cerca libertà.

　　　Mesto, infermo, il Cor sen' giace,

　　　　Ma il suo Mal così gli piace

　　　　Che bramar pace non sa.

　　　　　　Prigioniera, Ecc.　[Parte.

Unul. Massime così indegne,

　　　Consigli così rei tu porgi o Duca

　　　A chi sostien la Maestà Reale ?

Gar. Lascia che chi è Tiranno opri da tale.

Unul. Vorrai ?——

Gar.　Sì, che spergiuro

　　　Tradisca la sua fè.

グリモアルド　ウヌルフォよ、ガリバルドよ、

　　　　　この胸では、愛が育んだ希望が消える。

　　　　　とはいえ愛は　希望とともに消えもせず翳りもしない。

ウヌルフォ　あなた様よ、心を守るために、ああ、

　　　　　あなたの徳を呼び醒ましてください。

グリモアルド　ああ！彼女の中に輝く偉大な貞節が

　　　　　さらに私を魅了して、ウヌルフォよ、ますます私を燃やす。

ウヌルフォ　ともかくも、彼が惹かれているのは

　　　　　あの方の魂の気高さであって、美しい顔かたちではない。

グリモアルド　もう　私はどうすればよいのか？

ガリバルド　驚かれるな

　　　　　実のない見せかけに。

　　　　　条件を飲むのです。そうすれば彼女は前言を翻す。

ウヌルフォ　あなたは

　　　　　無垢な子供の高貴な血で

　　　　　汚したいのですか？——

グリモアルド　もうよい。

　　　　　徳の声など

　　　　　焦がれる心は気にもとめない、聞こえもしない。

　　　　　この魂は苦悩に囚われている。

　　　　　　しかし鎖はかくも美しく、

　　　　　　自由など求める気もしない。

　　　　　痛ましく、病み呆てて心は横たわる。

　　　　　　しかし病はかくも心地よく、

　　　　　　快癒など望む気もない。

　　　　　　　　この魂は・・・[退場

ウヌルフォ　さほどに無礼な言葉を、

　　　　　さほどに罪深い考えを、おお公爵よ、あなたは

　　　　　持っておられるのですか、王国の尊厳を保っておられる方に？

ガリバルド　暴君には暴君のままにさせておけ。

ウヌルフォ　あなたは？——

ガリバルド　そうさ、誓いに背いて

　　　　　忠誠を裏切らせておけばいいのさ。

Unul. Vorrai ?——

Gar. Che impuro

  Insidi l' onestà.

Unul. Vorrai ?——

Gar. Che crudo

  Con massime spietate, iniguste**17,** ed empie——

Unul. Sparga il Sangue reale ?

Gar. Così d' Usurpatore il nome adempie.

    Tirannia gli diede il Regno

      Gliel conservi crudeltà;

    Del Regnar base e sostegno

      E**18**il rigor non la pietà.

          Tirannia, Ecc.   [Parte.

Unul. Sì sì Fellon t' intendo, e non m' nganno,

    Come al tuo vero Re fusti Rubello

    Così cerchi tradire anche il Tiranno.

    Perché consoli in tanto

    L' afflitto mio Signor l' anima amante,

    Intenda quanto sia

    Fida la Sposa sua, quanto costante.

    Fra tempeste funeste a quest' alma

      Foriera di Calma

      Già spunta una stella.

    E disgombra ogn'ombra di pene

      La fe del suo bene

      Che splende più bella.

          Fra tempeste, Ecc.

SCENA V
Luogo delizioso
Bertarido, poi Eduige, e poi Unulfo

Bert. Con rauco mormorio

    Piangono al pianto mio

    Ruscelli, e fonti

    E in tronchi, e mesti accenti

    Fann' eco a miei lamenti

    E gli Antri, e i Monti.

        Con, Ecc.

      [Entra per un altra parte.

ウヌルフォ　あなたは？——

ガリバルド　そうさ、心卑しく

　　　　　真心を騙せばいいんだよ。。

ウヌルフォ　あなたは？——

ガリバルド　そうだよ、残酷に、

　　　　　冷酷で不正で邪悪であることを信条として——

ウヌルフォ　王家の血を流せと？

ガリバルド　そうやって簒奪者の名は成就するのだよ。

　　　　暴虐が簒奪者に王国を与えた。

　　　　　だから残酷が国を保てばよいのだ。

　　　　支配の土台であり、それを支えるものは

　　　　　冷酷であって慈悲ではない。

　　　　　　暴虐が・・・　[退場

ウヌルフォ　そうかそうか　裏切り者、分かったよ、その通りだ。

　　　　自分の正統な王に刃向ったように、

　　　　暴君をもまた欺けばよいのだ。

　　　　やがて愛する魂が、

　　　　我が王の苦しみを慰めることによって

　　　　王が知ればよいことだ、自分の妻が

　　　　いかに誠実で、いかに貞節であるかということを。

　　　　不吉な嵐の中で、この胸に

　　　　　すでに一つの星が、

　　　　　静けさの兆しを見せ始めた。

　　　　それがあらゆる苦悩の陰を払う、

　　　　　愛する人の誠実が

　　　　　ますます美しく輝いて。

　　　　　　不吉な嵐の中で・・・

第2幕　第5場
美しい庭園のようなところ
ベルタリード、やがてエドヴィージェとウヌルフォ

ベルタリード　小川と泉が

　　　　　ざわざわと呟いて

　　　　　私の嘆きに涙する。

　　　　洞窟も山々も

　　　　　とぎれとぎれに悲しげに

　　　　　私の嘆きに谺する。

　　　　　　小川と泉が・・・

　　　　　　[エドヴィージェ、反対側から登場。

---

17 ingiuste（不正な）の誤記。i と g とが逆になっている。

18 Essere なので正しくはアクセントつきの È である。この初演台本では e と è、E と È の混同が非常に多く、しばしば迷うが、
　　煩雑になるためその都度の注釈は避けた。

Ed. Dell' estinto Germano

Mi sembrano gli accenti,

Se l' desio non m' inganna.

[Bertarido rientra

Con rauco mormorio

Piangono al pianto mio

Ruscelli, e fonti

Ed. Ah no, che non m' inganna

La voce, e 'l volto; o Cie'l[19]! vive il Fratello

Sotto spoglie straniere, ed esso è quello.

Bert. Son scoperto !

Ed. Germano ? oh Dio ! che miro ?

Tu vivi ?

Bert. E la mia vita

Già ti costa un sospiro ?

Ma no, non sospirar, quello non sono;

Bertarido ebbe il Trono,

Ebbe Amici, e Vassalli, ebbe congiunti,

Ebbe una Sposa , oh Dio !

Idea di fedeltade, e di costanza;

E a me di tutto ciò rimasta è solo

Per giunta del mio duol la rimembranza.

Ed. Accidentale sdegno

Rallentar può, ma non disciorre i nodi.

Che tenaci fermò Natura in Noi

Pur s' io ti tolsi il Regno,

Vendicò Rodelinda i danni tuoi.

Bert. Non è, Sorella, il Regno

L' oggetto di mie brame, e del mio inganno;

Mi finsi estinto, e fu sol mio disegno

D' involare al Tiranno

I pegni a me più cari, e Sposa, e Figlio,

E delle mie sventure

Condurli a parte in un penoso esiglio.

Unul. (Pur lo trovai—ma che vegg' io ? tradito

E già l'Arcano; egli è scoperto)

Bert. E pure

Ancor questo contento

Mi niega invida sorte;

Misero io torno, e sento,

Che l' infida Consorte

Tradisce la mia fe.

Unul. Questo è un' inganno;

Rodelinda è fedel.

エドヴィージェ　あの声は

死んだ兄の声のような気がする

この憧れの気持ちが私を騙していなければ。

[ベルタリード、再び登場。

小川と泉が

ざわざわと 呟いて

私の嘆きに涙する。

エドヴィージェ　ああ いや、間違いない。

あの声、あの顔、おお天よ！ 兄は生きている。

異国の人に扮してはいるが、あれは兄だ。

ベルタリード　見つかったか！

エドヴィージェ　お兄様？ おお！ 何ということでしょう？

生きていらっしゃるのですね？

ベルタリード　私の生きていることが

お前には苦痛の種なのだろう？

しかし、嘆くにはあたらない、私はそういう者ではない。

かつてベルタリードは王座にあった。

友を持ち、家臣を持ち、親族縁者も持っていた。

妻もいた。おお 神よ！

貞節の鑑、健気の鑑の妻がいた。

だがいま私に残されたものは ただ、

苦しみに加えて、過ぎし日の思い出だけなのだ。

エドヴィージェ　一時の怒りは

収まりもしましょうが、造物主が私たちの間に

しっかりと結びつけた絆は解くことができません

私が あなたから王国を奪ったとしても

ロデリンダがあなたの逆境の仇をとりました。

ベルタリード　いや、妹よ、王国ではないのだ、

私が切望し、人を偽った目的は。

私は死んだ振りをした。それはただただ、

暴君から、私にとって最愛の証である

妻と息子を奪い返すための策略であったのだ。

そして私の不幸に加えて

二人を辛い放浪の道連れとする算段であった。

ウヌルフォ（王を見つけたと思ったら——何たることだ？ すでに

秘密はばれている、見破られた。）

ベルタリード　とはいえ、

妬み深い運命が

その喜びさえも私に拒む。

哀れにも私は ここに帰り、聞き知ったのだ、

不実な妻が。

私の誠実を裏切ったことを。

ウヌルフォ　それは誤解です。

ロデリンダは貞節です。

---

19 Ciel (空、天) の誤記。アポストロフィはいらない。

Bert. Che dici ? Unulfo,

  Mi narri il ver?

Ed. (Respira Anima amante)

Unul. No, che bramar non puoi

  Di lei più fida Sposa, e più constante.**20**

Ed. Liberar Rodelinda, e Flavio seco

  Dunque è l' unico tuo giusto desio ?

Bert. Non altro.

Ed. Or io m' impegno

  Di rendere al tuo Cor la pace, e al mio. [Parte.

Unul. Vieni Signor, non è più tempo adesso

  Di celar, che tu vivi,

  Alla fedel tua Sposa.

Bert. Vengo, che in te questo mio Cor riposa.

  Sfoga gli sdegni tuoi   [Parte Unul.

  Toglimi irato Ciel Vassalli, e Trono,

  Rendi a miei casti affetti

  Rodelinda fedele, e ti perdono.

    Scacciata dal suo nido

      Sen vola in altro lido,

      Né sparge mai querele

      La Rondinella;

      Del Fato non si Lagna

      Se ha seco la compagna

      Che gli è sempre fedele

      E sempre è bella.

        Scacciata,   Ecc.

SCENA VI
Galleria nell'Appartamento di Rodelinda.
Rodelinda, e Unulfo.

Rod. Vive il mio Sposo ?

Unul. Sì vive o Regina

  Anzioso d' abbracciarti.

Rod. A tanta sorte

  Per la gioja dovria mancarmi il Core;

  E pure, Unulfo, Io sento——

Unul. Importuno timore

  Invidia al tuo bel sen——

Rod. Deh ! non tardare

  A miei sguardi il contento, ed al Cor mio:

  Venga a me Bertarido.

Unul. Or te l' invio.

Rod. Con quai risalti, oh Dio !

  Dentro del petto mio palpita il Core,

ベルタリード　なにを言う？　ウヌルフォ、

　　　　　　私に真実を言っているのか？

エドヴィージェ　（愛する心がほっと息づいている。）

ウヌルフォ　いや、あなたは あの方以上に貞節で

　　　　　健気な奥方を望むことはできません。

エドヴィージェ　ロデリンダと、ともにフラーヴィオを救うことが

　　　　　それでは あなたのただ一つの正当な願いなのですね？

ベルタリード　それ以外にはない。

エドヴィージェ　それではお約束しますわ、あなたの心に、

　　　　　そして私の心にも安らぎをもたらすことを。　[退場。

ウヌルフォ　ご主人さま いらして下さい。今はもう

　　　　　あなたの誠実な奥方さまに隠している時ではありません、

　　　　　あなたの生きておられることを。

ベルタリード　行こう、君のお蔭でこの私の心は安らぐ。

　　　　　苛立つ天よ、お前の怒りを吐き出すがよい。[ウヌルフォ退場。

　　　　　私から家臣を、そして王座を奪うがよい。

　　　　　しかし返してくれ、この汚れない私の愛に、

　　　　　貞節なロデリンダを。そうすればお前を許そう。

　　　　　巣を追われ、

　　　　　　駒鳥は

　　　　　　嘆きもせずに

　　　　　　別の地へと飛んでいく。

　　　　　駒鳥は運命を嘆かない。

　　　　　つねに貞節で

　　　　　つねに美しい連れ合いが

　　　　　寄り添ってくれるとあれば。

　　　　　　巣を追われ・・・

第2幕　第6場
ロデリンダの住居の回廊
ロデリンダ と ウヌルフォ

ロデリンダ　夫が生きているのですか？

ウヌルフォ　はい、生きておられます、王妃さま。

　　　　　あなたをその腕にと、切に願っておられます。

ロデリンダ　運命の激変に

　　　　　嬉しくて、きっと心臓が止まってしまうのではないかしら。

　　　　　それでも、ウヌルフォ、私はなんだか——

ウヌルフォ　執拗な恐れが

　　　　　妬んでいるのですよ、あなたの幸せな胸で——

ロデリンダ　ああ！早く

　　　　　私の目に、そして私の心に喜びを。

　　　　　私のところに連れて来て下さい、ベルタリードを。

ウヌルフォ　いまお連れします。

ロデリンダ　なんと浮き立って、おお神さま！

　　　　　胸の中で心臓がどきどきしています。

---

20 正しくは costante。con の n はいらない。まれに英語との混用かと思われる場合があって面白い。

Non so, se per la gioja, o pel dolore.　　　　喜びのためかしら　苦しみのためかしら。

Ritorna o caro, e dolce mio tesoro　　　　帰ってきて下さい、おお　大切な方、愛しい私の宝物、
　　A dar conforto, e speme a questo Cor;　　　　慰めを、そして希望をこの心に与えるために。
Tu renderai al seno mio, ristoro,　　　　あなたは私の胸に安らぎを与えてくださる。
　　Se refrigerio sei d' ogni dolor.　　　　どんな苦しみも癒してくださる方なのですから。

　　　　　　　　Ritorna,　Ecc.　　　　　　　　帰ってきて下さい・・・

SCENA VII

Rodelinda, poi Bertarido, e poi Grimoaldo,
con Guardie

第2幕　第7場

ロデリンダ、ベルタリード、やがて護衛たちを連れた
グリモアルド

Rod.　Ah sì ! ecco lo Sposo. Ah caro pegno !

　Mio tesoro !　Mio ben ! [Va per abbracciarlo.

Bert. Ferma, che degno [Bertarido l' arresta.

　De' tuoi pudichi amplessi ancor non sono,

　Se potei dubitar della tua fede.

　Lascia pria, ch' al tuo piede　[S'inginocchia.

　De' falsi miei sospetti umil perdono

　Io ti domandi almeno;

　M' assolvi, o cara, e poi mi stringi al seno.

Rod. De' nostri affetti a intepidir l'ardore

　Di fredda gelosia il giel non basta;

　Se l' alma mia tu sei.　[l' abbraccia.

Grim. Che vedete occhi miei! Questa è la casta ?

Bert. (Oh Ciel !)

Rod. (Oh ingiusta sorte !)

Grim. Questa è la fe costante,

　Che all' estinto Consorte

　Tu serbi o Rodelonda ? E un Rege Amante,

　Che t' offre col suo cor la destra, e 'l Regno,

　Orgogliosa disprezzi, e prendi a sdegno ?

Rod. (Non sa, che sia lo Sposo, o amore aita;

　Si salvi la sua vita

　E a torto l' onestà rimanga offesa.)

Grim. Impudica, non parli ?　E qual difesa

　E qual scusa rivolgi entro al pensiero ?

　Porgi a Drudo straniero,

　Forse ignobile, e vile

　Ciò che ricusi ad un Monarca ?

Rod. È vero

Bert. (E soffrirò, che per timor servile

　Resti offeso il candore

　Di sua brilla onestà ? Ah no, si muora,

　Pur che viva l' onore.)

　No, Grimoaldo, a torto

　Si taccia d' impudico un Cor sì fido;

　Casti fur quegli amplessi,

　Il consorte abbracciò, son Bertarido.

ロデリンダ ああ　そう！あの方だわ　ああ　愛しい証！

　私の宝！　私の愛する方！ [彼を抱擁しようとする

ベルタリード 待って。私はまだ　[ベルタリード、彼女を止める。

　あなたの純潔な抱擁を受ける資格がない、

　あなたの誠実を疑いさえしたのだから。

　先ずは　その足許に　ひざまずき、　　　　[ひざまずく。

　せめて　私の誤った疑いの許しを

　伏して願い、私の罪を許してもらいたい、

　おお愛しい人、その後で私を胸に抱いてほしい。

ロデリンダ 私たちの愛の情熱を冷ますには

　冷たい嫉妬の氷では足りません。

　あなたは私の心なのですもの。 [抱き合う

グリモアルド おお我が目を疑う！これがあの貞節な女か？

ベルタリード （おお　しまった！）

ロデリンダ （なんて酷い運命でしょう！）

グリモアルド これが　あの誠実な愛なのか、

　死んだ夫に

　お前が尽くすという、おお　ロデリンダよ？　お前に

　心を込めて右手と王国を差し出す高貴な恋い慕う者を

　傲慢にも蔑むのか、侮辱する気か？

ロデリンダ （夫だとは気づいていない。おお愛よ　助けて下さい。

　夫の命が救われますように。

　この潔白が、誤解されて侮辱を受けたままでいますように。）

グリモアルド 淫らな女、返事はないのか？　どんな弁解を、

　どんな言い訳を考えているのかね？

　素性の知れぬ

　おそらくは下賎の　卑しい情人に

　君主に拒むものを与えるというのか？

ロデリンダ その通りです。

ベルタリード（耐えるというのか、卑屈な恐れのために。

　彼女の輝くばかりの誠実な清廉潔白が

　侮辱されているというのに？　ああ　いや、死ぬがよい、

　名誉が生き残ればそれでよい。）

　いや、グリモアルド、不当である、

　この誠実な心を猥（みだ）ら呼ばわりするのは。

　この抱擁は清純なものであったのだ、

　夫を抱擁したのだ。私はベルタリードである。

Grim. Bertarido ?

Rod. È mendace.

Grim. Bertarido morì.

Rod. Per salvar l' onor mio finge così.

Bert. Per prova che non fingo, e che son io,

    Vedi, come a lei preme

    Più dell'onestà propria il viver mio ?

Grim. Costui si custodisca, e tu m' ascolta;

    E tuo drudo, o tuo Sposo, anco una volta

    Lo stringi al sen, te lo consento anchi'io.

    Sien legittimi, o no,

    Gli dian gli ampressi tuoi l'ultimo addio.

      (a Rod.)   Tuo drudo, è mio rivale

                 Tuo Sposo, è mio nemico,

                 E morte avrà.

      (a Bert.) L' amplesso tuo fatale

                 Legittimo, o impudico

                 Or reo ti fa.

               Tuo,   Ecc.   [Parte.

Rod. Non ti bastò, Consorte

    Trafiggermi da lungi

    Con l' avviso crudel della tua Morte;

    Se per dar al mio sen pena maggiore,

    Non ti guidava amore

    A morir su miei lumi ?

Ber. Ah Sposa, e pure

    Son tra le mie sventure or sì contento

    Che dal destin tradito,

    Mi giunge anche gradito il tradimento.

'Rod. Ah Sposo, ingrato Sposo, è questo adesso

    'Il premio, e la mercede

    'Della costanza mia, della mia fede ?

'Bert. Hai combattuto, hai vinto; or vuole il Cielo

    ' Premiar col morir mio la tua Virtù.

    ' Di due Lacrime appena

    ' Bagna, adorata Sposa, il cener mio;

    ' Dona quindi all' oblio

    ' La memoria di me, ch' io tel perdono:

    ' Stendi poscia festante

    ' La destra amante, a chi ti rende il Trono.

'Rod. Io strigerlo Consorte

    ' Potrei reo di tua morte,

    ' E baciar quella mano

    ' Tinta dal sangue tuo ?   Se tal mi brami

    ' Bertarido, non m'ami.

'Bert. Merito ogni rigor dal di lui sdegno

    ' Che giusto il fa la gelosia del Regno.

グリモアルド　ベルタリードだと？

ロデリンダ　それは嘘です。

グリモアルド　ベルタリードは死んだ。

ロデリンダ　私の名誉を守るために、こうした嘘をついているのです。

ベルタリード　ベルタリードを騙っていない証拠に、私である証拠に、

    見てほしい。彼女には、自分の潔白よりも、

    私が生きることのほうが、どんなに大事であるかということを。

グリモアルド　奴を見張れ。そしてお前は私の言うことを聞け。

    情人であろうと夫であろうと、もう一度だけ

    彼を胸に抱け。私もそれをお前に許す。

    合法であろうがなかろうが、

    お前の抱擁が彼への最後の別れとなるのだ。

  （ロデリンダに）   お前の情夫は私の恋仇。

               お前の夫は私の敵だ。

               だから　そ奴は死ぬことになる。

  （ベルタリードに）   お前の不吉な抱擁が

               正当だろうが　淫らだろうが

               それがお前を　いまここで罪人となる。

             お前の・・・   ［退場

ロデリンダ　足りなかったのですね、あなたには、

    遠い国から　あなたの死という残酷な知らせを伝えて

    私を悲しませるだけでは。

    私の目の前で死ぬという

    より大きな苦悩を私の胸に与えるために、

    愛があなたを連れて来たのではないかしら？

ベルタリード　ああ　妻よ、それでも

    私はこの不運の中で、いまは実に幸せだ。

    運命によって裏切られても

    その裏切りが　私には喜びでさえあるのだから。

ロデリンダ　ああ　あなた　心無い方。いまではこれが

    ご褒美ですの、お返しですの、

    私の変わらぬ心への、私の貞節への？

ベルタリード　あなたは闘った。そして勝った。いまや天は、

    私の死をもって　あなたの美徳に報いてくれる。

    ふた筋の涙で　ほんの少し

    濡らしてほしい、愛する妻よ、私の遺灰を。

    そして忘却の淵に

    私の思い出を沈めてくれ。そうすることを私は許す。

    その後で晴れ晴れと　さし伸べるのだ、

    愛する右手を、あなたに王座を返してくれる者に。

ロデリンダ　彼を夫として抱くことが

    できるでしょうか。あなたを殺した罪人を、

    そして接吻できるでしょうか、

    あなたの血に染まった手に？　そう望まれるなら、

    ベルタリード、あなたは私を愛しておられないのです。

ベルタリード　私が彼の激しい怒りを受けるのは当然だ、

    王国への妬みがそれを正当としているのであってみれば。

'**Rod.** Il Cielo è giusto, odia i Tiranni, e sente———

'**Bert.** Ah ! che se fosse giusto, a te dovea

' Sposo dar più felice e più possente.

(**a 2**) Io t' abbraccio; e più che morte

Aspro e forte, è pe 'l Cor mio

Quest' addio

Che il tuo sen dal mio divide;

Ah mia vita !   Ah mio tesoro !

Se non moro, è più tiranno

Quell' affanno,

Che da[21] Morte, e non uccide.

Io,   Ecc.

ロデリンダ　天は公正です。暴君を憎みます。ですから———

ベルタリード　ああ！天が公正であれば、天はあなたに

　　　　　　　もっと幸運で、もっと力ある夫を与えてくれだはずだ。

（**2人で**）　あなたを胸に抱きます。死ぬよりも

　　　　　　私の心には辛く厳しい、

　　　　　　この別れは。

　　　　　　私の胸からあなたの胸を引き離すのだから。

　　　　　ああ　私の命！　私の宝！

　　　　　生きていれば　なお残酷だ

　　　　　その苦しみは。

　　　　　死を与えながら　殺さないのだから。

あなたを胸に・・・

Fine dell' Atto Secondo.　　　第2幕　終 わ り

---

21 Bianc.を参照し、これは dà（dare の3人称単数　与える）と考えた。アクセント記号がないと英語でいう from になって意味が取りにくい。

Atto III SCENA I

Galleria.
Eduige e Unulfo.

Ed. Del German nel periglio

Ritorna a naufragar ogni mia speme;

Sangue, Amor, Gelosia, Cieli, Consiglio.[22]

Unul. L' ostinato furor di Grimoaldo,

Condanna Bertarido, e vuol, ch' ei mora.

Ed. Al suo fato involarlo, e alle ritorte

Non sa il tuo Zelo?

Unul. E come?

Ed. Alla tua fede è il prigionier commesso.

Unul. Libero Grimoaldo a me concede

Nel carcere l' ingresso

E vero, ma che prò?

Ed. Questa è la chiave

Che nel carcer disserra

La via, che per sotterra

Guida nascosta entro al Real Giardino;

Là ne verrò con Rodelinda anch' io:

Per quel cieco camino

Quivi lo scorgeremo, e sia mia cura

Che trovi aperto il varco

Per libero sortir fuor delle mura.

Unul. Col tuo ajuto, e consiglio

Non difficil si rende a me l' impresa;

A Morte il sottrrarrà quest' alma ardita,

E sia troppo ben spesa

Per salvarla al mio Re, questa mia vita.

　　　Un zeffiro spirò

　　Che serenò quest' alma,

　　　　E calma vi portò;

　　S' io salvo il mio Signore

　　　Altro non brama il Core,

　　E pace allora avrò.

　　　　　　Un Zeffiro, Ecc.[Parte.

Ed.　Con opra giusta io cancellar disegno

L' enormità del fallo

A cui mi spinse cieco amor di Regno;

E di salvar confido

Rodelinda, e il suo Figlio, e Bertarido.

第3幕 第1場

回廊
エドヴィージェ と ウヌルフォ

エドヴィージェ 兄の危険にあって

私の希望は またすべて挫折してしまう。

血族の血よ 愛よ 嫉妬よ 天よ、どうしたものだろう！

ウヌルフォ グリモアルドの執拗な怒りは

ベルタリードを断罪し、彼が死ぬことを望んでいます。

エドヴィージェ 兄をその運命と足枷から

救出できないものかしら、あなたの熱意で？

ウヌルフォ どうやって？

エドヴィージェ 囚人はあなたの信用に委ねられています。

ウヌルフォ グリモアルドは私に許可しています

牢獄に入ることを。

それはそうですが、でも何の役に立ちますか？

エドヴィージェ これは、牢獄の

通路を開ける鍵です。

その通路は地下を通って

秘かに宮殿の庭園の中へと続いています。

私もロデリンダとともにそこに参ります。

その暗い通路を通って

兄を庭園に連れて行きましょう。お任せください、

自由に城壁の外に出られる道が

開いているところがあります。

ウヌルフォ あなたの助けと助言があれば

この仕事は私には難しくありません。

この勇ましい心が王を死から救います。

王の命を救うためなら、私のこの命は

犠牲にして余りあるものです。

　　　西風が吹き、

　　それがこの心を落ちつかせ、

　　　心に平静をもたらしてくれた。

　　私の王を救うことができるなら

　　　心はそれ以上を望まない。

　　そうなれば私は幸せだ。

　　　　　　西風が吹き・・・　　[退場

エドヴィージェ 正義の行いをすることで掻き消そう、

王国ほしさに目の眩んだ愛が

私を突き動かした大きな過ちを。

私は救えると信じている、

ロデリンダとその子とベルタリードを。

---

22 この行は、コンマで区切られた五つの単語のうち consiglio だけに異質の感がある。Bianc.を見ると sangue, amor, gelosia, cieli: consiglio！と修正されている。それを参照し、consiglio は助言を求めている言葉と考えて「どうしたものでしょう！」と訳してみた。

Quanto più fiera

Tempesta freme

Tanto più speme

Prendendo io vò.

Già lusinghiera

Per mio conforto

Dice che in Porto

Io giungerò.

Quanto, Ecc.

嵐が強く吹けば

吹くほどに、私は

どんどん希望を

膨らませていく。

早くも希望が

私を励まして

優しく言ってくれる、

間もなく港に着きますよ と。

嵐が強く吹けば吹くほどに・・・

SCENA II
Grimoaldo, Garibaldo, e Guardie.

第3幕　第2場
グリモアルド、ガリバルド、護衛たち

Gar. O falso è Bertarido, o fu mendace

Del Re de gli Unni il foglio;

Chiede la Morte sua

La gelosia del soglio.

ガリバルド　ベルタリードが偽者であるにせよ、

フン族の王の手紙が偽りであったにせよ

王座への妬みの気持ちが

彼の死を求めているのです。

Grim. Agitato è il Cor mio, muove il pensiero

Or sospetto, or amore,

Or speranza, or timore,

Or bella gloria, or gelosia d' Impero.

グリモアルド　私の心は激しく揺れる。　思いは、

猜疑（さまよ）と愛の間を彷徨い、

希望と不安の狭間に乱れ、

栄光に酔い、かと思えば王国への嫉妬に揺れる。

Gar. Questa ad ogni altro affetto

Questa prevaglia; o siasi finto, o vero,

Uccidi in Bertarido il tuo sospetto.

ガリバルド　その嫉妬が、それこそが

如何なる感情にも勝ります、誤魔化しであれ真実であれ、

ベルタリードにある　あなたの不安を抹殺するのです。

Grim. Ma sia vero, o mendace,

Se Bertarido uccido, e come spero

D' ottener mai da Rodelinda pace ?

グリモアルド　だが、真実であれ嘘であれ、

もし私がベルタリードを殺せば、どうして期待できようか、

ロデリンダから癒しを得ることが？

Gar. E come averla puoi,

Vivo il Consorte, o sia mendace, o vero ?

ガリバルド　どうやって彼女を手にできるというのですか、

嘘であれ真実であれ、夫が生きていて？

Grim. Oh Dio !

グリモアルド　ああ、どうすれば！

Gar. Sospiri ? E delli scherni tuoi

Pur ancor non t' avvedi ?

Rodelimda, Eduige,

Uniscono à tuoi danni il loro sdegno;

O dai morte al Fellone, o perdi un Regno.[Parte.

ガリバルド　嘆くのですか？　あなたへの悪ふざけに

まだ気づかないのですか？

ロデリンダとエドヴィージェは

あなたを陥れようと、怒りの手を組んでいるのですぞ。

敵対者に死を与えるか、王国を失うかです。[退場

Grim. Fra sospetti, affetti, e timori

Sento il seno ripieno d' affanni;

Or mi rendo, or m' accendo in furori

Or mi pento, or pavento d' inganni.

Fra, Ecc. [Parte.

グリモアルド　猜疑と愛と恐れの狭間で

胸は苦しみにふさがるようだ。

挫折かと思えば、怒りがこみ上げ、

罪を悔い、かと思えば欺瞞に怯える。

猜疑と・・・[退場

SCENA III
Carcere oscrissima.
Bertarido, e poi Unulfo.

第3幕　第3場
真っ暗な牢獄
ベルタリード、やがてウヌルフォ

Ber. Chi di voi fù più infedele

Cieco amor, sorte crudale

Chi di voi più m'i nggannò ?

ベルタリード　より不実だったのはお前たちのどちらだ。

盲目の愛か、残酷な運命か。

どちらが　私をより騙したのか？

Mi sacciò[23] spietata sorte

 Pria dal soglio, e alle ritorte

 Crudo amor poi mi guidò.

    Chi di, Ecc.

無慈悲な運命が、先ず王座から

 私を追い落とし、次に足枷へと

 残酷な愛が私を導いた。

      より不実だったのは・・・

Chi di voi——ma non so che

 [Cade nella prigione una spada gettatavi da Edvige.

お前たちのどちらが——おや、何か知らないが、

 [エドヴィージェによって投げられた刀が獄舎に落ちる。

Dal remoto balcon mi cade al piè.

Quì l' aere oscuro, e fosco

Vieta ogni oggetto al guardo——

    [cerca col tatto per terra.

向こうの露台から私の足許に落ちた。

ここでは淀んだ暗い空気が

なにも見えなくしている——

    [地面を手探りで探す。

Pur lo trovai—— Da mano Amica

Certo mi viene il ferro, e par che dica:

Son teco in ogni impresa,

Stringimi in tua difesa

Da ogni incontro funesto

Ti sottrarrò se vuoi,

Lascia a gli Amici tuoi cura del resto.

Dunque ti stringo o caro [snuda la Spada.

D' amico più fedel fedele acciaro.

Ma già s' apron le porte

Del carcere fatale; ecco di morte

Il ministro crudel; giusti furori

Già m' accendono il sen. Perfido muori.

 [Tira un colpo, e ferisce Unulfo, che era
     └ appunto entrato.

やっと見つけた——友人の手から

たしかに私に短刀が投げられた。まるで言っているようだ、

私はどんな大事においても君とともにいる、

護身のために私を握れ、

いかなる致命的な場に遭遇しても

望むとあらば、君を助ける、

他の悩み事はみな友に任せておけ、と言っているようだ。

ならばお前を握ろう。おお　大切な [刀を抜く。

最も忠実な友である　頼りがいのある短剣よ。

だが、早や運命の獄舎の

扉が開く。さあ来たぞ、

残酷な死の使いが。正義の怒りが

もうこの胸に燃え上がる。　裏切り者め、死ね。

 [牢屋に入ったばかりのウヌルフォに
    一撃を与え負傷させる。

Unul. Bertarido ? Mio Re——

Bert. Che feci ? Unulfo ? Oimè !

Unul. Ben poco il sen t' accende

 Desio di libertade, o mio Signore

 Se ferisci la man, che a te la rende.

Bert. Ah Destra scellerata ! Ah insano Core !

 Ah caro Amico ! Ah Bertarido ingrato;

 Ciechi orrori e funesti;

 E tu ferro mal nato [Getta la Spada,

 In mal punto spietato a me giungesti.

Unul. Non più; que stimomenti[24]

 Troppo, ah troppo son cari

 Per spenderli in lamenti;

 Più della mia ferita

 Preme la tua salvezza, e la tua vita.

 Queste già note spoglie [Gli fa lasciar la sopraveste;

 Abbandona Signor, a miglior' uopo

    [Gli ripone la Spada in mano.

ウヌルフォ　ベルタリード様？　わが王よ——

ベルタリード　何をしたのか？　ウヌルフォか？　おお！

ウヌルフォ　自由への熱い思いは、あなた様のお胸を

 あまり燃やしてはいないようですね、我がご主人さま。

 あなたに自由をお返しするこの手を負傷させなさるとは。

ベルタリード　ああ　この不愉快な右手！ああ　狂った心！

 ああ　親愛なる友よ！ああ　恩知らずのベルタリードだ！

 盲目の不吉な恐れよ。

 不吉な短剣よ、お前は [刀を投げ捨てる。

 折悪しく　無慈悲にも私のところにやって来た。

ウヌルフォ　もうやめましょう。いまこの時が

 あまりにも、ああ　あまりにも　もったいない、

 嘆いて時間を潰すなど。

 私の傷のことよりも

 あなたを、あなたの命を救うことが差し迫っています。

 この衣服はもう知られています。　[上着を脱がせる。

 お脱ぎください、ご主人さま。そしてもっと上手く使うために

    [彼の手に刀を再び握らせる。

---

23 これは scacciò の誤記。 scacciare（追い出す、追放する）の直接法三人称遠過去である。

24 正しくは questi momenti である。

Ripiglia il brando; ah molto

Esser ci può fatale ogni dimora;

Andiamo.

Bert. Amico, allora

Che più son reo, mi vuoi da lacci sciolto ?

Unul. Oh Dio ! Parmi udir gente; ah partiam pria,

Che il geloso Custode

S' accorga della frode.

Bert. Oimè, che tanto

è spietato il mio piè

Quanto fu contro te la man, se questa

Il tuo sangue versò, quello il calpesta.

[Partono per una via segreta della prigione.

もう一度刀を握って下さい。ああ 非常に

私たちには危険です、ぐずぐずしていては。

行きましょう。

ベルタリード 友よ、私が実に

罪深いというのに、足枷を解いてくれるか？

ウヌルフォ ああ！人の気配がするようです。さあ 逃げましょう。

疑り深い監視人が

この策略に気づかないうちに。

ベルタリード おお なんと私の足は

冷酷なことか、手が君を

傷つけたのと同じだ。 この手が、

君の血を流したとすれば、足がそれを踏みつけるのだから。

[牢獄の秘密の通路を通って二人退場。

SCENA IV

Eduige che guida per la mano di Rodelinda,
e Flavio.

Ed. Non temere. Signore ?

Germano ?   Alcun non sento;

oscuro è il luogo.

Rod. Ah! Che a ragion pavento.

Ed. Prendo una luce—

[E duige sorte della prigione.

Rod. Oh, Dio.

Bertarido ? Cor mio ? tu non rispondi ?

Dormi forse ?   Ove sei ?   Dove t' ascondi ?

[Eduige torna con un lume.

Ed. Germano ?

Rod. Ah ! fui prefaga; eccole spoglie,

Ecco di fresco sangue asperso il suolo,

Che più cerco infelice ?

Questo sangue m' addita, e questo manto

Che il caro Sposo mio——

Ah ! che più dir non mi consente il pianto. [Piange

Ed. Ah Rodelinda! Oh Dio! e qual conforto

Può darti il mio dolor ?

Rod. Eduige, è morto

Il tuo German; e **25** morto orfano Figlio

Il Re tuo Genitore, il mio Consorte. **26**

Ed. Ah! tarda mia pietà, che in van d' acciaro

Provedesti sua mano !

Rod. Or chi mi rende

Il freddo busto almeno,

第3幕　第4場

ロデリンダの手を引いて案内するエドヴィージェ、
そしてフラーヴィオ

エドヴィージェ 恐れなくてもいいのですよ、あなた様？

お兄さま？ 何の気配もない。

ここは真っ暗ね。

ロデリンダ ああ！ 恐いのも無理ないわ。

エドヴィージェ 灯りを持って来るわね。

[エドヴィージェ牢の外に出る。

ロデリンダ おお 神さま。

ベルタリード？ あなた？ お返事なさらないの？

眠っていらっしゃるのかしら？ どこなの？ どこに隠れて

いらっしゃるの？ [エドヴィージェ、灯りを持って来る。

エドヴィージェ お兄さま？

ロデリンダ ああ！予感していたとおりだわ。あら、上着だ。

ほら、新しい血の流れた地面。

これ以上不吉な何があるというのでしょう？

この血が私に教えてくれる、それにこのマント。

これは私の愛する夫が——

ああ！涙が流れてもう言葉が出ない。[泣く。

エドヴィージェ ああ ロデリンダ！ ああ 神さま！

あなたをどう慰めればいいのかしら、私の苦しみは？

ロデリンダ エドヴィージェ、あなたのお兄さまは

亡くなった。 父なし児の息子よ、亡くなったのよ、

あなたのお父様であり、私の夫である王は。

エドヴィージェ ああ！私の情けは遅かった。お前は兄の手に

なんと虚しく刀を持たせたことか！

ロデリンダ いまでは誰が私に返してくれるのでしょう

せめて 冷たくなった遺骸を？

---

25 これは essere の è である。アクセント記号がないと英語でいう and の意味になってしまい、意味が取りにくい。

26 楽譜 Kalmus 版によれば、第2バージョンとして、ロデリンダはこれに続けて《Barbara, ingiusta sorte！残酷な、非道な運命よ！》と
叫び、《Ah! perchè giusto ciel, tanta pena a questo cor？ ああ、正義の天よ、なぜこの心にこのような苦しみを？》に始まる70小節
余りのダ・カーポ・アリアを歌っている。

Onde in quel caro seno un bacio imprima.

E sul corpo adorato

Prevenendo il mio Fato, il duol m' opprima.

 Se 'l mio duol non è sì forte,

  Chi trafigge, oh Dio ! chi svena

  Per pietà questo mio Cor ?

 Ah! che un duol peggior di morte

  Involare a un sen che pena,

  E pietà non è rigor.

    Se 'l mio, Ecc. [Partono.

あの愛しい胸に口づけをするために、

そして愛する肉体の上で、

運命に先だって、苦しみが私の息の根を止めてくれるために。

 私の苦しみに そんな力がないというのなら、

  誰が私の心臓を貫き、おお神さま！誰が、

  哀れに思って、私の胸から血を流してくれるのでしょう？

 ああ！死よりも辛い苦しみを

  この苦悩する胸から取り去るということは、

  情けでこそあれ、残酷なことではないのです。

    私の苦しみに・・・ [二人退場

SCENA V
Giardino Reale
Bertarido, che va sostenendo Unulfo ferito.

Ber. Amico! ah! che a me duole

 Più che la sorte mia la tua ferita.

Unul. Signor, la destra solo

 Fu scopo al tuo valor; lieve è la piaga.

   [Bertarido si toglie una benda,

   e fascia il braccio di Unulfo.

Bert. Lascia, che man pietosa

 Chiuda al sangue la strada.

Unul. Mio Re, confuso io sono.

 Ormai convien, ch'io vada

 In traccia di tua Sposa, e del tuo Figlio;

 Là tra quelli virgulti

 Celati, sin ch' io torni, al tuo periglio.

      [Parte.

Bert. Mi celerò; ma questo Cor non teme

 Più d' un Tiranno il perfido Commando;

 Già che pietoso il Ciel sciolto mi rende,

 Altro più non domando;

 Ch' or dal mio braccio il Fato mio dipende.

 Se fiera Belva ha cinto

  Fra le catene il piede,

  Col fremito richiede

  La tolta Libertà.

 Ma poi da lacci sciolta

  In fuga ogn' un riuolta

  Che offesa, tosto apprende

  A non usar pietà.

   Se fiera, Ecc. [Si ritira.

第3幕　第5場
王宮の庭
ベルタリード、傷ついたウヌルフォを支えて登場。

ベルタリード 友よ！ああ！自分の運命よりも君の傷のほうが、

 私にはどんなに苦しいことか。

ウヌルフォ ご主人さま、たかが右手ですよ、

 あなたの勇気の的となったのは。傷など大したことありません。

   [ベルタリード、自分の腰帯をほどき、

   ウヌルフォの腕に巻きつける。

ベルタリード 慈悲深い手が

 血を流さずにすむようにさせてくれ。

ウヌルフォ 王よ、当惑します。

 私はもう、奥方さまと王子さまがどこにおいでか、

 探しに行ったほうがよろしいかと。

 危険ですから、この藪の中で

 私が戻るまで隠れていらしてください。

      [退場

ベルタリード 隠れよう。だがこの心は

 もはや暴君の冷酷な権力を恐れない。

 天が慈悲深くも私を解放してくれたからには

 我が運命を この手で決めること以外、

 ほかには何も求めない。

  猛獣は

   鎖で足を縛られると

   身震いして

   奪われた自由を求める。

  しかし、やがて鎖から放たれるや

   逆襲して人を逃走させる。

   虐待され、たちまちにして知るからだ、

   情けをかける必要はないと。

    猛獣は・・・ [脇に退く。

SCENA VI

Grimoaldo solo.

第3幕　第6場

グリモアルド 一人

Grim. Fatto inferno è il mio petto;

Di più flagelli armate ho dentro il Core

Tre furie, Gelosia, Sdegno, ed Amore;

E da più gole io sento

Quasi mastin crudele

Il rimorso latrar per più tormento,

Chiaman domi[27] infedele

Spergiuro, Usurpator, empio, è[28] Tiranno.

Ma pur voi lusingate

Le stanche mie pupille

Ad un breve riposo aure tranquille !

Dà pace, o Grimoaldo, alle tu e[29] pene,

Resta trà i fonti, e l'erbe:

Delle Regie superbe

Le mal sicure soglie in abbandono,[30]

Lascia, che prezioso

E dell' alma il riposo al par del Trono.

Pastorello di povero armento

Pur dorme contento

Sotto l' ombra di faggio, o d' alloro;

Io d' un Regno Monarca fastoso

Non trovo riposo

Anco all' ombra di porpora, e d'oro.

Pastorello, Ecc.

[Seguitando la Sinfonia si addormenta.

グリモアルド 胸は地獄と化した。

心の中では三人の復讐の女神が

嫉妬、怒り、愛という更なる鞭で武装して、

まるで口の幾つもある

残酷なマスティフ犬が

この呵責の念をいっそう苦しませるために

吠え立てているようだ。お前は不忠者、

背信者、簒奪者、冷血漢、そして暴君だと呼ばわって。

だがしかし、お前たち 穏やかなそよ風よ、

この疲れた眼を

一時の休息へと誘ってほしい。

おお グリモアルドよ、お前の重荷と和解して、

泉や草花の間で休むのだ。

尊大な王国の

当てにならない王座など

うっちゃっておけ。魂の休息は

王座にも等しく貴重なものなのだから。

羊飼いは わずかな家畜を追いながら

それでもぐっすりと眠る、

ブナや月桂樹の木の陰で。

荘麗な一国の君主である私は、

休息を見出すことができない、

たとえ真紅と黄金の陰にあっても。

羊飼いは・・・

[シンフォニアを聞きながら眠る。

SCENA VII

Grimoaldo, che dorme, e Garibaldo.

第3幕　第7場

眠っているグリモアルド、そこへ ガリバルドが来る

Gar. Che miro ? Amica sorte

Seconda i miei disegni。

Con la propria sua spada

Per questa istessa mano

Che già lo coronò, per questa or cada.

[Toglie a Grimoaldo la spada del fianco
e Grimoaldo svegliandosi dice.

Grim. Quali insidie ?——

Gar. (Si desta.)

Grim. E qual inganno——

Chi 'l ferro m' involò ?

Gar. Muori Tiranno.

ガリバルド これはなんと？ 親愛なる運命が

わが計画を助けてくれる。

こいつ自身の剣を使って、

こいつに王冠を乗せてやったこの手で

まさにこの手で、さあ死ぬがよい。

[グリモアルドから腰の剣をとる。すると
グリモアルドが目を覚まして言う．

グリモアルド 何たる裏切りか？——

ガリバルド （目を覚ましやがった。）

グリモアルド 何たる騙し打ち——

誰が俺の剣を取ったというのか？

ガリバルド 死ね、暴君め。

---

27 Chiamandomi と一語になる。

28 これは and なのでアクセント記号なし。注 **25** と逆である。

29 ここも tue と一語になる。

30 このコンマはないものと考えた。次の lasciare をともなってこの前後3行が一文になるからである（Bianc.参照）。

SCENA VIII

Grimoaldo, Garibaldo, Bertarido, poi Guardie,
poi Rodelinda con Flavio per la mano.

Bert. Tu morrai Traditor. Muori Rubello.

      [Incalzando Garibardo nella Scena.

Grim. Oh Ciel ! Soldati, olà?——

    Chi mi difese ? Oh dio !—chi mai fu quello ?

    Fu Bertarido ?   [Vengono le guardic.

Rod. Sì, fu Bertarido.

    Colui, che tu svenasti, o Core indegno.

Bert. [torna] Grimoaldo, ecco il ferro.

      [Getta la Spada a piè di Grimoaldo.

Rod. O Ciel ! che miro ?

    Veglio, sogno, o deliro ?

Bert. Miralo, egli è macchiato

    Del sangue d' un tuo caro;

    Cadde trafitto esangue

    Chi a te fu Traditore, a me Rubello:

    Vendica il sangue suo pur col mio sangue.

Grim. Dunque sei Bertarido ?

Rod. E qual maggiore

    Prova ne vuoi di quell' invitto Core ?

Grim. Ma chi dalle ritorte

    Ti sciolse il piede?

SCENA Ultima

Unulfo, poi Eduige, e Detti.

Unul. ——Eccoti innanzi il Reo.

Ed. Rimirar senz' orrore anch' io non seppi

    Languire il mio German così tra ceppi.

Grim. Se Amici siete a Bertarido, a nch'io

    Per Amici vi accolgo,

    Che a lui deggio la vita.

    Eduige, mia Sposa al sen ti stringo

    E di Pavia sul Trono a te dovuto

    Regnando, ogn' altro Regno omai rifiuto.

        [Prendendo Bertarido per mano.

    Milano ecco il tuo Re, rendi gli omaggi

    Al tuo primo Signor.

Bert. No, Grimoaldo,

    Altro da te non voglio——

Grim. Prendi il Figlio, la Sposa, e prendi il Soglio.

Bert. Cara fuori siam di periglio.

Rod. Sposo ti stringo al sen, abbraccia il Figlio.

第3幕　第8場

グリモアルド、ガリバルド、ベルタリード、やがて護衛たち。
そしてフラーヴィオの手を引いたロデリンダ。

ベルタリード　お前こそ死ね、この裏切り者。死ぬがよい、反逆者。

    [ガリバルドを追いかけながら舞台の陰へ。

グリモアルド　おお なんとこれは！　おい 兵士ども？——

    私を守ったのは誰だ？　おお！——そ奴は一体誰だったのか？

    ベルタリードであったと?　 [護衛たち来る。

ロデリンダ　そうです。ベルタリードでした。

    あなたが殺した人です。おお 恥ずべき心の者よ。

ベルタリード　[戻ってくる]　グリモアルド、そら 剣だ。

    [グリモアルドの足許に剣を投げる。

ロデリンダ　まあ！　何を見ているのでしょう？

    現かしら夢かしら、それとも私は錯乱しているのかしら？

ベルタリード　これを見よ。剣は

    お前の仲間の血に染まっている。

    奴は刀に貫かれて死んだ、

    お前には裏切り者、私には反逆者であった者だ。

    さあ、私の血で彼の血の恨みを晴らせ。

グリモアルド　それでは あなたはベルタリードですか？

ロデリンダ　これ以上の

    どんな証拠がほしいのですか、この不屈の心以上の？

グリモアルド　しかし足枷から

    誰が一体あなたの足を解いたのですか？

最 終 場

ウヌルフォ、エドヴィージェ と、すでに登場の人物。

ウヌルフォ——ほら あなた、目の前にその罪人がいますよ。

エドヴィージェ　私も嫌悪せずに見ることはできませんでした、

    兄が足枷をはめられて、こうも苦しんでいるのを。

グリモアルド　皆がベルタリードに対して友であるのなら、

    私も友として お前さま方みんなを迎えよう。

    この人のおかげで命拾いをしたことでもあるのだし。

    エドヴィージェ、私の妻としてあなたを胸に抱こう。

    そして私は あなたに然るべきパヴィアの王座から

    国を治めることとして、他の王国はもうお断りだ。

        [ベルタリードの手を取って。

    ミラノよ、さあ そなたの王だ。敬意を表したまえ、

    ミラノの正真の王に。

ベルタリード　いや グリモアルド、私が

    あなたに望むものは他でもない——

グリモアルド　取られたい、子息と奥方と、そして王位を取られたい。

ベルタリード　愛する者よ、私たちは危機を脱した。

ロデリンダ　あなた、あなたを胸に抱きしめます。息子を抱擁してください。

Mio Caro Caro bene

    Non ho più affanni, e pene

    Non ho più pene al Cor.

Vedendoti contento

    Nel seno mio già sento

    Che sol vi alberga Amor.

        Mio Caro,   Ecc.

Bert. Sposa, Figlio, Sorella, Amici, oh Dio !

    Vi stringo al seno, oh quanto

    A tutti, a tutti voi deve il Cor mio !

    Si festeggi fra tanto

    Di questo Regno in ogni parte; e sia

    Al passato martire

    In sì felice dì pari il gioire.

私の大切な大切な方、

    私はもう不安も苦しみもありません、

    もう心には何の苦痛もありません。

あなたが喜ぶのを見ていると、

    今では胸に感じます、

    この胸には愛だけが宿っているのだと。

        私の大切な大切な方・・・

ベルタリード 妻よ、息子よ、妹よ、友よ、おお神よ！

あなた方を胸に抱こう。おお 私の愛の心は

すべての すべての皆々に なんと世話になったことか！

こう言っている間にも さあお祝いだ、

この王国の隅々まで。 そして こんな幸せな日には、

喜びが、過ぎた苦難に

匹敵するほどのものであることを願う。

CORO   合　唱

Dopo la notte oscura   暗い夜のあとには、

   Più lucido   太陽が いっそう明るく

   Più chiaro   より輝いて

   Più amabile   より愛らしく

   Più caro   より親しげに

   Ne spunta il sol quaggiù;   闇夜からこの地上に顔を出す。

Tal dopo ria sventura   そのように、悪意ある逆境のあとには

   Figlio d' un bel soffrire   耐え抜いた結果の喜びが

   Più stabile il gioire   より揺るぎなく

   Nasce dalla Virtù.   その誇りある勇気から生まれ出る。

        Dopo,   Ecc.   暗い夜のあとには・・・

F I N E   終 わ り

訳者あとがき

　この対訳集を作るにあたっては、初演時の台本のファクシミリ版である Ellen T. Harris 編"The Librettos of Handel's Operas"：1989 Garland を底本としました。

　この初演版にはイタリア語としての活字上の不備が非常に多く、とくに句読点の打ち方は曖昧で、読み取りに困難な箇所が多々ありました。対訳するに当っては、原文は訂正せずそのままとし、必要に応じて訳注を記しました。ただ煩雑になることを避けて、同種類の不備についてはその都度注記することはしていません。これらについては Lorenzo Bianconi 編 I Libretti italiani di Georg Friedrich Händel e le loro fonti I*：1992 Olschki を主に参照しました。

　イタリア語の疑問点についてはエルマンノ・アリエンティ氏に丁寧な助言を頂きました。拙いながらもここまでの作業ができたのは氏のお蔭によるものと感謝いたします。また日本ヘンデル協会の運営委員である三ヶ尻　正さんには編集という骨の折れる仕事を、同じく原　雅巳さんはじめ伊藤　明子さん、柳本洋子さんには校正という大変面倒な仕事をお引き受け頂きましたことに厚く御礼申し上げます。

諏訪　羚子
日本ヘンデル協会会員

諏訪　羚子 (すわ れいこ)

　東京藝術大学音楽学部楽理科を卒業。東京都立立川短期大学、白梅学園短期大学非常勤講師を経て、現在日本ヘンデル協会運営委員。イタリア・バロック期のオペラ台本や劇場形態に関心を持ち、同協会では、ヘンデルのオペラ《アレッサンドロ》《パルテノペ》《フラーヴィオ》《デイダミーア》《クレタのアリアンナ》《アリオダンテ》などの対訳・字幕制作、台本解釈の講演・指導などを行なっている。

　共訳書に『作詩法の基本とイタリア・オペラの台本』（エルマンノ・アリエンティ著、東京藝術大学出版会、2016）など。

　日本ヘンデル協会会員。

編 集 後 記

　日本ヘンデル協会では、主催公演である「オペラシリーズ」(旧称「コンサートシリーズ」)で、プログラム冊子の別冊として諏訪羚子会員の訳によるオペラ全曲の対訳を出してきました。また、協賛・後援等の形で協力した二期会、北とぴあ国際音楽祭、神奈川県立音楽堂など他団体の公演に際しても、《リナルド》《アルチーナ》《セルセ》《シッラ》などの対訳冊子を提供してきています(協会ホームページ経由で購入できます)。こうした対訳が既に 10 曲を超え、また諏訪会員の翻訳は未発表のものを含めるとはや約 40 曲に及んでいることから、これを世に出すのは当協会の使命と考え、この度出版する運びとなりました。

　さらにそうしたプログラムには会員による、読み応えのある貴重なエッセイも含まれており、これらも併せて掲載することで、ヘンデル時代のオペラの姿をより立体的に理解する一助になればと願っております。特に日本ヘンデル協会が活動の大きな柱としているバロック・ジェスチャーについては、その研究・実践を主導している原雅巳会員に新たに一章を書き下ろしていただきました。ヘンデルの生涯とオペラ活動について、またオペラ2作の解説を、公演プログラムやレクチャーなどで新しい視点を紹介してきた三ヶ尻正会員に書いていただきました。いずれも貴重な資料になることと思います。

　もとは 2020 年春、新型コロナ・ウイルスの蔓延が始まり、諸活動が制限されていた時期に企画したもので、1 年程度で出版する構想でしたが、コロナ禍によって出版活動、特に音楽出版は大きく停滞し、またコロナ状況下でも各方面で音楽活動も行われるようになり、当協会も様々な工夫をしながら灯を絶やさぬよう活動を続け、準備は大幅に遅れてしまいました。しかし訳者、執筆者、編集にあたった運営委員諸氏のご尽力、それに株式会社ハンナのご協力を得て出版に漕ぎ着けることができました。ご協力いただいた皆様には厚く御礼申し上げます。

　ヘンデルはオペラを 42 作、パスティッチョ(新たな台本に既存の音楽を当てて貼り合わせた劇音楽)を含めると 50 作以上作曲しています。今回はそのうちの2作を出版しますが、機会を見て出来るだけ多くの台本の対訳を世に出せるよう努めて行きたいと考えております。よろしくご支援のほど、お願い申し上げます。

2023 年初夏
日本ヘンデル協会
編集スタッフ一同

編集スタッフ(日本ヘンデル協会　運営委員):伊藤　明子・諏訪　羚子・原　雅巳・三ヶ尻　正・柳本　洋子

日本ヘンデル協会について
The Handel Institute Japan

「日本ヘンデル協会」は、日本のヘンデル研究の草分け的な存在として名高い故・渡部惠一郎氏の呼びかけで、研究者・演奏家・愛好家が集まり、1998年7月に設立されました。創立者は2001年12月に亡くなりましたが、その後会長に藤江効子(現名誉会長、桐朋学園大学名誉教授、音楽学)が、2012年度からは現会長 金澤正剛(国際基督教大学名誉教授)が就任、演奏会・講演・研究会等の活動により、「日本ヘンデル協会」は発展を続け現在に至っています。

会　長　金澤　正剛　名誉会長　藤江　効子
会員数　約90名(2023年1月現在)

沿　革（主な公演と研究会）

1998年7月　日本ヘンデル協会（ヘンデル・インスティテュート・ジャパン）設立。
　　　　　　ジェスチャー研究会開始。(原　雅巳を中心に以後定期的に開催、継続中。)
　　　　　　研究発表会：　渡部惠一郎「ヘンデルのオペラ・オラトリオ分析試論」ほか
1999年1月　ヘンデルの世界 Vol.1『演技するヘンデル　原　雅巳リサイタル』
2000年5月　日本ヘンデル協会コンサートシリーズ Vol.4　オペラ《オレステ物語》（パスティッチョ）
2002年4月　日本ヘンデル協会コンサートシリーズ Vol.7　渡部惠一郎先生追悼公演　オペラ《リナルド》日本初演
2002年11月　講演「ヘンデルの足跡をたどる」第1回 (藤江効子新会長)〜2005年まで6回シリーズ
2003年10月　コンサートシリーズ Vol.9　オペラ《セルセ》(抜粋)
2004年4月　コンサートシリーズ Vol.10　オラトリオ《復活》日本初演
2005年10月　コンサートシリーズ Vol.12　オペラ《アグリッピーナ》(全曲)
2008年6月　コンサートシリーズ Vol.13　オペラ《忠実な羊飼い》(全曲)
2009年9月　ヘンデル没後250年記念公演/コンサートシリーズ Vol.14　オペラ《オットーネ》(全曲)
2010年9月　コンサートシリーズ Vol.15　オペラ《アレッサンドロ》(抜粋)
2012年4月　講演「ヘンデルと受難曲」(金澤正剛新会長)
　　　　　　以後会長講演として「ヘンデルに至るバロック・ソナタの歴史」(2013)、「オラトリオの起源と歴史〜ヘンデルによる概念の変容」(2014)、「イギリス国教会の音楽〜ヘンデルに至るアンセムの伝統」(2015)、「イギリスの鍵盤音楽とヘンデル」(2016)、「詩篇と音楽」(2017)、「333HBS 記念祭にあたって」(2018)、「ヘンデルの時代に至る聖歌の歴史」(2019)、「オペラ作曲家としてのヘンデル」(2020)、「ヘンデルとオラトリオ」(2021)、「ヘンデルの教会音楽」(2022)、「器楽作曲家としてのヘンデル」(2023)
2012年11月　コンサートシリーズ Vol.17　オペラ《パルテノペ》(全曲)
2013年7月　『スタージュ』(ジェスチャー研究会上級編）開催
2013年秋〜　『メサイア・プロジェクト』第1回開催［現在『メサイアを通そう』を中心に継続中］
2015年7月　コンサートシリーズ Vol.18　オペラ《フラーヴィオ》(全曲)
2016年10月　アルカディア・ヘンデリアーナ(声楽会員による演奏会)レクチャー・コンサート
2017年2月　コンサートシリーズ Vol.19　オペラ《デイダミーア》(全曲)
2018年1〜12月　333HBS ヘンデル・バッハ・スカルラッティ生誕333年記念祭開催（主催）
2018年7月　コンサートシリーズ Vol.20　オペラ《アリオダンテ》(全曲) 創立20周年記念公演
2020年10月『対訳講座』第1回開催［継続事業］
2023年7月『ヘンデル オペラ対訳集』出版
2023年7月　オペラシリーズ(改称) Vol.21　オペラ《トロメーオ》(全曲)

定例の活動

研究会・講演(会員・外部講師)、ジェスチャー研究会、対訳講座(イタリア語声楽作品)、オペラ／オラトリオを通そう会(例年春には『メサイアを通そう〜古楽器とともに』)、「ハッピー・バースデー・ジョージ」(ヘンデルの誕生日会近辺で行なう懇親会)などほぼ毎月研究会・行事を開催しています。会員は随時募集中。

http://www.handel-institute-japan.org/

ヘンデル オペラ対訳集 第1集

《ジュリオ・チェーザレ》HWV 17 《ロデリンダ》HWV 19

2023年7月29日初版発行

著作　日本ヘンデル協会

発行　株式会社ハンナ

　　　〒153-0061 東京都目黒区中目黒 3-6-4-2F
　　　Tel. 03-5721-5222Fax. 03-5721-6226

装画・装丁　石田毅

印刷所　モリモト印刷株式会社